HANS UND NIKI EIDENEIER . NEUGRIECHISCH IST GAR NICHT SO SCHWER

TEIL 2

HANS UND NIKI EIDENEIER

NEUGRIECHISCH

IST GAR NICHT SO SCHWER

TEIL 2

Ein Lehrgang mit vielen Liedern,
Illustrationen, Fotos sowie Karikaturen
von Kostas Mitropulos.

4., verbesserte Auflage

Mit Regeln zum TAVLI-Spiel

DR. LUDWIG REICHERT VERLAG WIESBADEN

Die Deutsche Bibliothek – CIP-Einheitsaufnahme

Eideneier, Hans:
Neugriechisch ist gar nicht so schwer / Hans und Niki Eideneier. –
Wiesbaden : Reichert.

NE: Eideneier, Niki:

Teil 2.
   [Hauptbd.]. Ein Lehrgang mit vielen Liedern, Illustrationen, Fotos :
   mit Regeln zum TAVLI-Spiel / mit Karikaturen von Kostas Mitropulos. –
   4., verb. Aufl. – 1991
   ISBN 3-88226-510-8

Umschlagentwurf, Layout und TAVLI-Regeln: Klaus Eckhardt
©1980, 1984, 1991 Dr. Ludwig Reichert Verlag, Wiesbaden
Satz: P. Konstantinopoulos, Liederbach
Satz, Druck und Buchbindearbeit: Hubert & Co., Göttingen
Alle Rechte vorbehalten
Printed in Germany

INHALTSVERZEICHNIS

(Das angegebene Drachmen-Mark-Preisgefüge entspricht oft nicht mehr der Realität)

13 A Lektion 13

Τρία γράμματα από την Ελλάδα

Αθήνα, 25/8/79

1. Αγαπητέ Βόλφγκαγκ.

Σήμερα είμαι καλύτερα. Προχτές το βράδι φάγαμε μύδια στον Πειραιά και χάλασε το στομάχι μου. Χτες πέρασα όλη τη μέρα στο κρεβάτι. ´Ημουν χάλια. Κατά τα άλλα όμως καλά. Τα περισσότερα αξιοθέατα τα είδαμε. Το μόνο πρόβλημα είναι οι τουρίστες. Από το Αρχαιολογικό Μουσείο π.χ. προχτές βγήκα τρέχοντας έξω, γιατί νόμισα πως θα πεθάνω από ασφυξία. Πλήθος παντού. ´Η εκείνο το Σούνιο με το ηλιοβασίλεμα! Από τον πολύ κόσμο ούτε Σούνιο ούτε ηλιοβασίλεμα βλέπεις. Πάντα έλεγα πως η Ελλάδα μας είναι μικρή για τόσο τουρισμό. Μάλλον όμως και οι αρχαίοι μας πρόγονοι ήταν τελείως αντιτουριστικοί: έφτιαχναν τους ναούς τους σε κάτι απίθανα στενά βράχια, όπου δε χωράνε ούτε 10.000 τουρίστες μαζί! Παρ᾽ όλα αυτά σε περιμένω.

Με πολλή αγάπη, σε φιλώ,
δική σου
´Ολγα

Νάξος, 21/6/79

2. Αγαπητή κυρία Γκέρτρουντ, σας χαιρετώ.

Η κυρία Ειρήνη, η νοικοκυρά σας από το ξενοδοχείο, μου είπε ότι το Σεπτέμβριο θα είστε και πάλι στο νησί μας. Πέρυσι, πριν από το καλοκαίρι, σας έγραψα και μου φέρατε τρία καλτσόν για κιρσούς. Μου έκαναν πολύ καλό και τα φορούσα όλο το χρόνο. Τώρα όμως αυτά που είχα πάλιωσαν, και εδώ αυτού του είδους τα καλτσόν είναι ακόμη πολύ ακριβά.

Θα μου φέρετε άλλα τρία, σας παρακαλώ; Σίγουρα δεν ξεχάσατε την ξυριστική μηχανή για το Μίμη, τα ανταλλακτικά για το λεωφορείο του Τάσου, την τηλεόραση του Μήτσου και τα φάρμακα της κυρά Τασίας.

Καλό ταξίδι και καλή αντάμωση,

Ευτέρπη

´Αγιος Νικόλαος, Κρήτη, 31/10/79

3. Αγάπη μου, Ελίζε,
πέρασε ένας μήνας που έφυγες και με άφησες μόνο, κι ακόμη δεν πήρα γράμμα σου. Ανησυχώ πάρα πολύ. Μήπως με ξέχασες κιόλας; Ξέχασες το ωραίο καλοκαίρι που περάσαμε μαζί; Ξέχασες που κολυμπούσαμε μαζί στη θάλασσα, που παίζαμε στην αμμουδιά, τα βράδια που γλεντούσαμε στη ντισκοτέκ, τα όνειρα που κάναμε για του χρόνου; ´Η μήπως ξέχασες τα ελληνικά που σου έμαθα και γιαυτό δε μου γράφεις; Αλλά εγώ σ᾽ αγάπησα, σ᾽ αγαπάω και θα σ᾽ αγαπάω και χωρίς ελληνικά.
Πώς το λένε στη γλώσσα σου: Ιχ λίμπε ντιχ, μάιν χερτς.

Πάντα σκλάβος σου
Αρχιμήδης

Ντου γιου λάικ δη γκρης

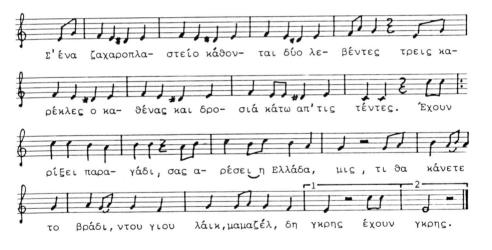

μουσική: Αργύρης Κουνάδης
στίχοι: Μάριος Ποντίκας

Text auf den folgenden Seiten

Σ' ένα ζαχαροπλαστείο κάθονται δύο λεβέντες
τρεις καρέκλες ο καθένας και δροσιά κάτω απ' τις τέντες.

'Εχουν ρίξει παραγάδι,
σας αρέσει η Ελλάδα, μις,
τι θα κάνετε το βράδι,
ντου γιου λάικ, μαμαζέλ, δη γκρης;

Γοητεία κι αντριλίκι σηκωμένα τα μανίκια
βγάλανε τα μπράτσα έξω να φανούνε τα ποντίκια.

'Εχουν ρίξει παραγάδι (Refr. 2)
σας αρέσει η Ελλάδα, μις,
τι θα κάνετε το βράδι,
ντου γιου λάικ, φροϋλάιν, δη γκρης;

Είναι μάγκες και χορεύουν τσιφτετέλι και συρτάκι
δε δουλεύουν τα καημένα κι όμως βγάζουν παραδάκι.

(Refr. 1)

Σ' ένα ζαχαροπλαστείο είναι δυο παλικαράκια
ποιος πληρώνει για να ζούνε τα παλιοτεμπελχανάκια;

(Refr. 2)

Do you like the Greece?

In einer Konditorei sitzen zwei junge Burschen
jeder drei Stühle und es ist angenehm kühl unter der Markise.

Sie haben die Angel ausgeworfen,
gefällt Ihnen Griechenland, Miss,
was haben Sie heute abend vor,
do you like, Mademoiselle, the Greece?

Charme und Mannesprotz, die Ärmel hochgeschlagen,
haben sie ihre Arme freigelegt, daß die Muskeln zum Vorschein kommen.

Sie haben die Angel ausgeworfen,
gefällt Ihnen Griechenland, Miss?
was haben Sie heute abend vor,
do you like, Fräulein, the Greece?

Sie sind Angeber und tanzen Tsifteteli und Sirtaki,
die Armen arbeiten nicht und doch verdienen sie ganz gut.

In einer Konditorei sitzen zwei junge Burschen,
wer bezahlt, daß die Faulenzer leben können?

13 B Indikativ der Vergangenheitsformen im Aktiv.

Auch die Vergangenheitsformen richten sich nach dem verschiedenen Aspekt der Handlung.

Die vom Präsensstamm abgeleitete Vergangenheitsform drückt die Handlung aus, die nicht auf ein bestimmtes Ziel gerichtet, von Dauer oder mehrmals geschehen war **(Paratatikós)**, die vom Aoriststamm abgeleitete Vergangenheitsform drückt die Handlung aus, die zielgerichtet, einmalig oder abgeschlossen war **(Aorist)**.

Beispiele:
Paratatikós: Πάντα έλεγα πως η Ελλάδα μας είναι μικρή.
Τα καλτσόν τα φορούσα όλο το χρόνο.

Aorist: Προχτές το βράδι φάγαμε μύδια στον Πειραιά.
Τα περισσότερα αξιοθέατα τα είδαμε.

Die **Verbendungen** sind für Paratatikós und Aorist gleich:

-α, -ες, -ε, -αμε, -ατε, -αν

Die Vergangenheitsformen werden gewöhnlich auf der drittletzten Silbe betont. Bei einem einsilbigen Verbstamm (z.B. τρεχ- bzw. τρεξ-) und einsilbiger Endung (z.B. -α) übernimmt ein **zusätzliches** Tempuszeichen, ein sogenanntes «**Augment**» (meist έ-), diese betonte drittletzte Silbe.

Paratatikós				Indikativ Aorist			
διάβαζ	-α	έ-τρεχ	-α	διάβασ	-α	έ-τρεξ	-α
διάβαζ	-ες	έ-τρεχ	-ες	διάβασ	-ες	έ-τρεξ	-ες
διάβαζ	-ε	έ-τρεχ	-ε	διάβασ	-ε	έ-τρεξ	-ε
διαβάζ	-αμε	τρέχ	-αμε	διαβάσ	-αμε	τρέξ	-αμε
διαβάζ	-ατε	τρέχ	-ατε	διαβάσ	-ατε	τρέξ	-ατε
διάβαζ	-αν	έ-τρεχ	-αν	διάβασ	-αν	έ-τρεξ	-αν

■ Verben auf -άω und -ώ. Beispiel: μιλάω

Paratatikos   **Aorist**

μιλούσα   μίλησα
μιλούσες   μίλησες
μιλούσε   μίλησε
μιλούσαμε   μιλήσαμε
μιλούσατε   μιλήσατε
μιλούσαν   μίλησαν

So auch von μπορώ: μπορούσα usw., bzw. μπόρεσα usw.

In einigen Gegenden Griechenlands, vorwiegend auf der Peloponnes, sind auch folgende Paratatikosformen üblich:
μίλαγα, μίλαγες, μίλαγε
μιλάγαμε, μιλάγατε, μίλαγαν.

■ Vergangenheitsform von είμαι - ich bin:
  ήμουν, ήσουν, ήταν, ήμασταν, ήσασταν, ήταν

  von έχω - ich habe:
  είχα, είχες, είχε, είχαμε, είχατε, είχαν.

■ Paratatikos von λέω, τρώω, ακούω:
  έλεγα, έλεγες, έλεγε, λέγαμε, λέγατε, έλεγαν.

So auch έτρωγα, άκουγα usw.

■ Κάθε (jeder), κάθε φορά (jedesmal), κάθε μέρα (täglich), u.a., συνέχεια (dauernd), πάντα (immer), συνήθως (gewöhnlich) usw., also Ausdrücke, die eine fortlaufende Handlung signalisieren, verlangen für das Verb des Satzes, in dem sie stehen, Formen des Präsensstammes, also für die Vergangenheit Paratatikós.

> Μια φορά κι έναν καιρό
> ήταν ένας βασιλιάς...
> Es war einmal ein König...

Die wichtigsten unregelmäßigen Aoristbildungen

Präsens	Aorist Indikativ	Aoriststamm	Besonderheiten
βάζω	έβαλα	βαλ-	
βγαίνω	βγήκα	βγ-	Endung: ηκα
βλέπω	είδα	δ-	Augment: ει-
βρίσκω	βρήκα	βρ-	Endung: -ηκα
δέρνω	έδειρα	δειρ-	
δίνω	έδωσα	δωσ-	
λέω	είπα	π-	Augment: ει-
μαθαίνω	έμαθα	μαθ-	
μπαίνω	μπήκα	μπ-	Endung: -ηκα
ξεχνάω	ξέχασα	ξεχασ-	
παίρνω	πήρα	παρ-	«inneres» Augment: π-η-ρ
πεθαίνω	πέθανα	πεθαν-	
περνάω	πέρασα	περασ-	
πέφτω	έπεσα	πεσ-	
πηγαίνω	πήγα	πα-	«inneres» Augment: π-η-γ
πίνω	ήπια	πι-	Augment: η-
τρώω	έφαγα	φα-	
φεύγω	έφυγα	φυγ-	

Κάπου πήγα, κάτι είδα,
κάτι μου είπαν να σας πω

13 c Ασκήσεις

1 Πού ήταν η Όλγα προχτές το βράδι;
Πού πέρασε την ημέρα της χτες; Γιατί;
Τι κάνει η Όλγα στην Ελλάδα;
Τι αξιοθέατα είδε η Όλγα στην Αθήνα;
Είδε το Αρχαιολογικό Μουσείο; Γιατί έφυγε;
Είδε το ηλιοβασίλεμα στο Σούνιο;
Πού έφτιαχναν τους ναούς τους οι αρχαίοι Έλληνες; Γιατί;

Πότε θά πάει η κυρία Γκέρτρουντ στο νησί της κυρίας Ευτέρπης;
Πώς το ξέρει αυτό η κυρία Ευτέρπη;
Τι θα της φέρει η κυρία Γκέρτρουντ;
Γιατί θέλει η κυρία Ευτέρπη καινούρια καλτσόν;
Τι ελπίζει η κυρία Ευτέρπη πως δεν ξέχασε η κυρία Γκέρτρουντ;

Πόσο καιρό δεν πήρε γράμμα ο Αρχιμήδης από την Ελίζε;
Τι έκαναν το καλοκαίρι ο Αρχιμήδης και η Ελίζε;
Γιατί δεν έγραψε η Ελίζε στον Αρχιμήδη;
Πώς έμαθε ελληνικά η Ελίζε;

2 Ο Βόλφγκανγκ δεν ξέρει ελληνικά. Γιαυτό η Όλγα του
γράφει το γράμμα στα γερμανικά: Mein lieber Wolfgang,...

3 Η Ευτέρπη και η Γκέρτρουντ είναι πολύ καλές φίλες. Γιαυτό
η Ευτέρπη της γράφει στον ενικό: Αγαπητή μου Γκέρτρουντ,
σε χαιρετώ. ...

4 Machen Sie aus dem 3. Brief eine kleine
Erzählung in der 3. Person:
Πέρασε ένας μήνας που έφυγε η Ελίζε, ...

5 Προχτές ... στον Πειραιά μύδια (τρώω).
Προχτές έφαγα στον Πειραιά μύδια.

... στην Αίγινα και ... το ναό της Αφαίας Αθηνάς (πηγαίνω, βλέπω).
Από τα μύδια ... το στομάχι μου (χαλάω).
Το μόνο πρόβλημα ... οι τουρίστες (είμαι).
Από το θέατρο ... έξω τρέχοντας (βγαίνω).
Στο Σούνιο ... (κολυμπάω).

Στη Μύκονο η θάλασσα ... πολύ (μου αρέσει).
Δεν ... καλά τις διακοπές τους οι φίλοι μας φέτος (περνάω).
Πέρυσι ... στο νησί και την πεθερά του, αλλά εκείνη δεν ... (περιμένω, πηγαίνω).
Τι νέα ... εσύ από το Γιώργο (μαθαίνω);
... την εφημερίδα μου πάνω στο γραφείο σου (ξεχνάω).

6 Όλο το χρόνο ... το ίδιο καλτσόν (φοράω).
Όλο το χρόνο φορούσα το ίδιο καλτσόν.

Δε μου ... συχνά γράμμα και εγώ ... (γράφω, ανησυχώ).
Ο Αρχιμήδης ... την Ελίζε, αλλά εκείνη δεν τον ... (αγαπάω).
Κάθε φορά που ... στην Ελλάδα, δεν ... ούτε του Τάσου ούτε της κυρά Τασίας τις παραγγελίες (πηγαίνω, ξεχνάω).
Ποιος ... αυτός που ... τις ειδήσεις από το ραδιόφωνο (είμαι, λέω);
Όλο το καλοκαίρι ο Γιώργος ... στο κάμπιγκ· εκεί ... , ... και ... στην αμμουδιά, και τα βράδια στην ταβέρνα του Νίκου ... , ... , ... και ... και ... (είμαι, κολυμπάω, ψαρεύω, παίζω, γλεντάω, τραγουδάω, χορεύω, πίνω, τρώω).

7 ... στο γιατρό, γιατί μου ... το στομάχι μου (πηγαίνω, πονάω).
Πήγα στο γιατρό, γιατί μου πονούσε το στομάχι μου.

Στο δάσος ο Τάσος ... πολλά παιδιά που ... μπάλα, ... και ... (βλέπω, παίζω, χορεύω, τραγουδάω).
Ο Γιώργος ... τη βαλίτσα στο τρένο, καθώς ... από την Κολωνία στη Στουτγάρδη (ξεχνάω, ταξιδεύω).
Δεν ... γιατί δεν ... (τρώω, πεινάω).
Δεν ... τις διακοπές του στην Ελλάδα γιατί δεν ... καλά στην υγεία του (περνάω, νιώθω).
Τον ... στο δρόμο, αλλά εκείνος δεν τον ... γιατί ... συνάχι και ούτε ... ούτε ... καλά (χαιρετάω, βλέπω, έχω, βλέπω, ακούω).
Δεν του ... γιατί ... τα ελληνικά της και ... πως θα ... μαζί της (γράφω, ξεχνάω, νομίζω, γελάω).
Η Μαρίνα αυτή τη φορά δεν τον ... γιατί πάντα της ... ψέματα (πιστεύω, λέω).

8 Setzen Sie das Lesestück 2 aus Lektion 11 in die Vergangenheit.

9 | Schreiben Sie einen Brief. |

1. an einen Freund/Freundin in Griechenland,
2. an einen Bekannten/Bekannte in Griechenland, wo Sie Ihre Ankunft dort ankündigen und höflichst anfragen, ob bei ihm/ihr im Notfall und bei Überfüllung der örtlichen Hotels eine Übernachtungsmöglichkeit für Sie und Ihre ganze «Paréa» (4 Pers.) besteht,
3. an einen Kneipenwirt in Griechenland, der Sie im vergangenen Sommer besonders verwöhnte und dem Sie jetzt ein paar Fotos, die ihn in Ausübung seines Berufs zeigen, zuschicken wollen.

10 | Übersetzung: |

Einer verkaufte im Theater (το θέατρο) in der Pause Erfrischungsgetränke (τα αναψυκτικά). Wenn antike Tragödien (η αρχαία τραγωδία) gespielt wurden (sie spielten ...), wo es keine Pause gab, wartete er und wartete, seine Limonaden zu verkaufen. Aber nichts (geschah). Währenddessen (εντωμεταξύ) hörte er von drinnen fortwährend das «o weh, o weh» (αλί, αλί) der Tragödie und glaubte, daß so der Held des Stücks (o ήρωας του έργου) heiße. Und immer, wenn ein Stück gespielt wurde (sie spielten), wo man «o weh» rief, hatte das keine Pause und er verkaufte nichts. Als ihn eines Tages ein Freund fragte, warum er so traurig sei, antwortete er: «Dieser Ali (o Αλής = Ali) hat mich zugrunde gerichtet (= gegessen).

11 | Spielanleitung |

1. Sie waren im Archäologischen Museum in Athen und versuchen, Ihre Erlebnisse einem Kulturbanausen zu erzählen. Er besteht so energisch auf gastronomischer Information, daß Sie zuletzt gezwungen werden, Ihren Museumbesuch unter diesem Blickwinkel zu betrachten und über die Gastronomie im Altertum, wie sie im archäologischen Primärmaterial zum Ausdruck kommt, zu berichten.

2. Sie waren beim Fischen und berichten von Ihren Erlebnissen einem Zuhörer, der in seinem Leben noch nie das Meer gesehen hat.

13 D Καινούριες λέξεις

αγαπητέ Βόλφγκαγκ	lieber Wolfgang	το είδος	Art
αγαπητός	lieb	η ξυριστική μηχανή	Rasierapparat
προχτές	vorgestern, neulich	τα ανταλλακτικά	Ersatzteile
το μύδι	Miesmuschel	η τηλεόραση	Fernsehapparat, Fernsehen
χάλασε το στομά- χι μου	ich verdarb mir den Magen	το φάρμακο	Arznei
είμαι χάλια	es geht mir mies	η κυρά	Frau (im vertrau-
τα χάλια	schlechter Zustand		ten Umgang)
κατά τα άλλα	sonst, im übrigen	το ταξίδι	Reise
τα αξιοθέατα	Sehenswürdigkeiten	καλή αντάμωση!	auf Wiedersehen!
το πρόβλημα	Problem	η αγάπη	Liebe
ο τουρίστας	Tourist	ανησυχώ	beunruhigt sein
το Αρχαιολογικό Μουσείο	Arachäologisches Museum	γλεντάω η ντισκοτέκ	feiern Diskothek
το μουσείο	Museum	το όνειρο	Traum
π.χ. - παραδείγμα- τος χάριν	z.B. - zum Beispiel	του χρόνου για του χρόνου	im nächsten Jahr für das nächste Jahr
νομίζω	glauben, meinen	ο σκλάβος	Sklave
πεθαίνω	sterben		
η ασφυξία	Ersticken	**zu 13 B:**	
το πλήθος	Menge, Masse		
παντού	überall	συνέχεια	dauernd (Adverb),
το ηλιοβασίλεμα	Sonnenuntergang		fortwährend,
ο τουρισμός	Tourismus		laufend
ο πρόγονος	Vorfahre	η συνέχεια	Fortsetzung
τελείως	vollständig		
αντιτουριστικός	antitouristisch	**zu 13 C:**	
φτιάχνω	schaffen, erschaf- fen, «machen»	ο ενικός	Einzahl, Singular
απίθανος	unwahrscheinlich	το διήγημα	Erzählung
στενός	eng, schmal	το πρόσωπο	Person
παρ' όλα αυτά	trotzdem	οι διακοπές	Ferien, Urlaub
φιλάω	küssen	φέτος	in diesem Jahr
χαιρετάω	grüßen	οι ειδήσεις	Nachrichten (im
η νοικοκυρά	(Zimmer)wirtin		Radio)
ο Σεπτέμβριος	September	το κάμπιγκ	Camping
πέρυσι	im vergangenen Jahr	η βαλίτσα	Koffer
		η υγεία	Gesundheit
πριν	vor, bevor	το συνάχι	Schnupfen
το καλτσόν	Strupfhose	τα αναψυκτικά	Erfrischungsge-
οι κιρσοί	Krampfadern		tränke
κάνω καλό	guttun	η αρχαία τραγωδία	antike Tragödie
φοράω	tragen (von Kleidung)	η τραγωδία ο ήρωας	Tragödie Held
παλιώνω	alt werden	το έργο	Theaterstück, Film

Test 2

Μύθοι του Αισώπου

Οι κλέφτες και ο κόκορας.

Κλέφτες μπήκαν σ' ένα σπίτι και δε βρήκαν τίποτα άλλο εκτός από έναν κόκορα· τον πήραν κι έφυγαν. Την ώρα που ήθελαν να τον σφάξουν, ο κόκορας τους παρακαλούσε να τον αφήσουν, γιατί, όπως έλεγε, ήταν χρήσιμος στους ανθρώπους· τους ξυπνούσε για να πηγαίνουν στις δουλειές τους. Και εκείνοι απάντησαν και του είπαν: «Ένας λόγος παραπάνω να σε σφάξουμε· γιατί ξυπνάς εκείνους και δε μας αφήνεις εμάς να κλέβουμε».

Οι ποντικοί και οι γάτες.

Οι ποντικοί και οι γάτες είχαν πόλεμο. Οι ποντικοί έχαναν πάντα και είπαν πως σ' αυτό φταίει πως δεν έχουν αρχηγό· διάλεξαν λοιπόν μερικούς ποντικούς και τους διόρισαν στρατηγούς. Αυτοί, θέλοντας να δείξουν πως είναι πιο επίσημοι από τους άλλους, έκαναν κέρατα και τα κόλλησαν στο κούτελό τους. Όταν έφτασε η ώρα της μάχης, οι ποντικοί έχασαν πάλι. Όλοι οι άλλοι έτρεχαν τότε στις τρύπες για να γλυτώσουν. Οι στρατηγοί όμως δε μπορούσαν να μπουν από τα κέρατα που φορούσαν, και οι γάτες τους έπιαναν και τους έτρωγαν.

1 | Antworten Sie:

Τί κάνετε, Πώς σε λένε; Πόσων χρονών είστε; Πόσα παιδιά έχετε; Έχετε φίλους; Είστε παντρεμένος (-η); Πώς την λένε τη γυναίκα σας (πώς τον λένε τον άντρα σας); Πώς τα λένε τα παιδιά σας; Έχετε αδέρφια; Τι διαβάζετε συνήθως; Κάνετε συχνά ταξίδια; Έχετε δικό σας αυτοκίνητο; Τι ώρα αρχίζει το μάθημά μας και τι ώρα τελειώνει; Πόση ώρα κρατάει το μάθημά μας; Όταν είστε άρρωστος, τι κάνετε; Σας αρέσει να ψωνίζετε στο μανάβη; Θα πάτε φέτος στην Ελλάδα; Με τι μέσο λέτε να πάτε στις διακοπές σας; Έχετε γνωστούς και φίλους στην Ελλάδα; Σας γράφουν συχνά; Τι δώρα φέρνετε στο φίλο (στη φίλη) σας, όταν πηγαίνετε στην Ελλάδα; Τι δώρα σας φέρνει εκείνος (εκείνη);

2 | Ο Νίκος και η Μαρία διαβάζουν τα νέα στον παππού.
     | Του τα διαβάζουν.

Ο Κώστας και εγώ λέμε στον Πέτρο τα νέα.
Ο Γιώργος γράφει ένα γράμμα στη μητέρα του.
Διαλέγει ο Πέτρος τα μήλα που αγοράζει;
Πώς λένε τον αδερφό σας;
Ποιος έδωσε σε μένα και στη Μαρία αυτό το βιβλίο;
Τι έλεγε η Χαρίκλεια στο Γιώργο;
Θα σας πω και αυτή την ιστορία.
Η κυρία Παπαθεοδωρακοπούλου δε μπορεί να περιμένει τον άντρα της.
Σίγουρα δε θα ξεχάσετε την ξυριστική μηχανή, την τηλεόραση και τα
     ανταλλακτικά του Μήτσου.

3 | Είναι η μηχανή του.
     | Είναι η δική του μηχανή.

Τα παιδιά μας δεν είναι εδώ, αλλά τα παιδιά σας είναι εδώ.
Το ψάθινο καπέλο της κυρίας Πηνελόπης είναι στρογγυλό.
Πονάει το δόντι σας;
Οι τουρίστες έχουν πάντα μαζί τους τις φωτογραφικές τους μηχανές.

Το πιστόλι μου δεν είναι ούτε το πιστόλι της Μαρίας ούτε το πιστόλι του μπαμπά μου.
Η ταβέρνα μας έχει καλούς μεζέδες, αλλά η ταβέρνα του Γιώργου και της Ανδρομάχης έχει καλό κρασί.
Πονάνε η κοιλιά του, η καρδιά της και τα χέρια τους. Γιαυτό θα πάμε όλοι μαζί στο γιατρό μου.

4 Ο Σωκράτης διάβασε το βιβλίο (πρέπει).
Ο Σωκράτης πρέπει να διαβάσει το βιβλίο.

Ο Γιάννης άκουσε τα νέα (θέλει). Δεν πίστεψα τις ειδήσεις της εφημερίδας (μπορώ). Δεν πήγε κανείς στο θέατρο (μπορεί). Τι παίρνεις όταν είσαι άρρωστος (πρέπει); Πάει και η Μαριάννα στην Αίγινα (θέλει); Πήρε το λεωφορείο (πρέπει). Η Φωφώ δεν αγόρασε φασολάκια (θέλει). Τι δώρα φέρατε στους φίλους σας (πρέπει);

5 Machen Sie die Zukunft zur Vergangenheit (wo möglich):

Τον άλλο μήνα θα πάω στην Ελλάδα, στην Ολυμπία. Στο αεροπλάνο για την Αθήνα θα έχει πολύν κόσμο και γιαυτό θα πάρω τα εισιτήρια εγκαίρως. Στην Ολυμπία θα δω τους φίλους μου, που δουλεύουν στις ανασκαφές των αρχαίων. Θα μου δείξουν κι εμένα τα αρχαία και θα μου εξηγήσουν την ιστορία τους, γιατί είναι αρχαιολόγοι. Από κει θα κάνουμε και μερικές εκδρομές στα γύρω χωριά, για να δούμε από κοντά τον κόσμο, που ζει και δουλεύει στα ελληνικά χωριά. Φυσικά θα έχει εκεί και πολλούς Έλληνες, που ξέρουν και τη Γερμανία και γερμανικά. Θα τους ρωτήσουμε πώς βρίσκουν τη ζωή στην Ελλάδα, ύστερα από τη ζωή τους στη Γερμανία με τη μεγάλη βιομηχανία και την ομίχλη της. Θα περιμένω να ακούσω πολλές εντυπώσεις τους και θα τους πω και τη δική μου γνώμη, αλλά εγώ θα τους μιλάω ελληνικά και ας κάνω ακόμα πολλά λάθη.

6 Setzen Sie in die Gegenwart:

Όποιος πήγε με τα πρόβατα τον έφαγε ο λύκος.
Ο καλός γαμπρός βρήκε την καλή πεθερά.
Όποιος έσκαψε το λάκο του άλλου έπεσε μέσα ο ίδιος.

Καινούριες λέξεις

ο κλέφτης	Dieb	η τρύπα	Loch
ο κόκορας	Hahn	γλυτώνω	(sich) retten
την ώρα που	in dem Moment wo	τα αδέρφια	Geschwister
σφάζω	schlachten	ο αδερφός	Bruder
χρήσιμος	nützlich	η είδηση	Nachricht
ο λόγος	Grund	εγκαίρως	rechtzeitig
ο ποντικός	Maus	η βιομηχανία	Industrie
ο πόλεμος	Krieg	η ομίχλη	Nebel
χάνω	verlieren	η εντύπωση	Eindruck
ο αρχηγός	Führer	το πρόβατο	Schaf
διορίζω	ernennen	ο γαμπρός	Schwiegersohn
ο στρατηγός	General	η πεθερά	Schwiegermutter
επίσημος	offiziell	ο λύκος	Wolf
το κέρατο	Horn	σκάβω	graben
κολλάω	kleben	ο λάκος	Grube
το κούτελο	Stirn		

14 A Lektion 14

ΕΝΟΙΚΙΑΖΕΤΑΙ ΔΩΜΑΤΙΟ

▶ ο Κώστας
▶ η κυρά Ισμήνη

Κ. Εδώ νοικιάζεται ένα δωμάτιο· πού βρίσκεται;
Ι. Ψάχνετε για δωμάτιο; Να εδώ είναι. Σας αρέσει;
Κ. Ναι, αλλά δεν είναι λίγο μικρό; Χρειάζομαι ένα κάπως πιο μεγάλο.
   Έχω πολλά βιβλία και ένα πολύ μεγάλο κρεβάτι.
Ι. Αν επιτρέπεται, γιατί χρειάζεστε ένα τόσο μεγάλο κρεβάτι;
Κ. Δε βλέπετε πόσο ψηλός είμαι;
Ι. Είστε φοιτητής; Με τόσα βιβλία!
Κ. Ναι, μάλιστα, σπουδάζω εδώ.
Ι. Τι σπουδάζετε, αν επιτρέπεται;
Κ. Γυμναστική. Και γιαυτό χρειάζομαι πολύ χώρο, και τούτο το
   δωμάτιο παραείναι μικρό. Για μένα αποκλείεται!
Ι. Καλά, εγώ φαντάζομαι πως η γυμναστική γίνεται στο γυμναστήριο,
   και όχι εδώ στο σπίτι μας. Αλλά έχω και πιο μεγάλο δωμάτιο, αν
   θέλετε.
Κ. Πού είναι, παρακαλώ;
Ι. Να εδώ.
Κ. Και πού πλένεται και λούζεται κανείς;
Ι. Να εδώ δίπλα είναι το μπάνιο. Έχει και ντους.
Κ. Επιπλωμένο το νοικιάζετε;
Ι. Όχι, χωρίς τα έπιπλα που βλέπετε.
Κ. Σόμπα έχει;
Ι. Να το καλοριφέρ, για να ζεσταίνεστε πολύ καλά το χειμώνα.
Κ. Και το καλοκαίρι;
Ι. Πολύ ευχάριστο, δροσίζεται καλά από το παράθυρο.
Κ. Από ησυχία;
Ι. Άλλο τίποτε. Εδώ φασαρία δεν έχει καθόλου, και ο δρόμος κάτω δεν
   είναι κεντρικός.
Κ. Ωραίο είναι. Μου αρέσει. Πόσο το ενοίκιο;
Ι. Πενήντα χιλιάδες το μήνα, εκτός βέβαια από το ρεύμα. Συμφωνείτε;

Κ. Λίγο ακριβό μου φαίνεται. Ντρέπομαι λιγάκι, αλλά βλέπετε, δεν είμαι πλούσιος, δεν έχω τόσα λεφτά. Ο πατέρας μου στο χωριό έχει το πρακτορείο εφημερίδων και δε βγάζει πολλά.

Ι. Ε τότε, πενήντα χιλιάδες μαζί με το ρεύμα. Εντάξει;

Κ. Σύμφωνοι, ευχαριστώ πολύ. Είναι ελεύθερο το δωμάτιο τώρα αμέσως;

Ι. Βιάζεστε τόσο;

Κ. Βέβαια, από κάτω περιμένει το φορτηγό με τα πράματά μου και η φίλη μου η Μαριλένα!

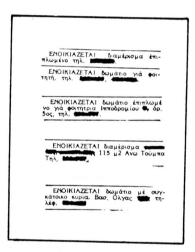 

Παροιμίες

Ο ψεύτης και ο κλέφτης τον πρώτο χρόνο χαίρονται.
Η καλή μέρα από το πρωί φαίνεται.
Όλα γίνονται, μόνο του σπανού τα γένια δε γίνονται.

ΔΙΟΡΘΩΝΟΝΤΑΙ ΚΑΛΤΣΕΣ
LAUFMASCHENREPARATURWERKSTATT

14 B Grammatik

Präsens Indikativ: passive Endungen auf ´-ομαι

εγώ πλέν -	ομαι	κάθε πρωί
εσύ πλέν -	εσαι	μόνο το βράδι
αυτός δεν πλέν -	εται	καθόλου
εμείς πλεν -	όμαστε	τακτικά
εσείς πλέν -	εστε	σαν τις γάτες
αυτοί πλέν - .	ονται	χωρίς σαπούνι

Verben, die im Präsens Indikativ auf ´-ω bzw. -ώ enden, werden gewöhnlich als Verben mit «aktiver» Verbendung bezeichnet. Verben, die im Präsens Indikativ auf ´-ομαι bzw. -ιέμαι, -ούμαι oder -άμαι enden, werden gewöhnlich als Verben mit «passiver» Verbendung bezeichnet.

1. Reflexive Bedeutung		diese Verben haben in der Regel auch eine Aktivform:	
αποκλείομαι	sich ausschließen ausgeschlossen sein	αποκλείω	ausschließen
βιάζομαι	sich beeilen, in Eile sein	βιάζω	vergewaltigen
βρίσκομαι	sich befinden	βρίσκω	finden
δροσίζομαι	sich erfrischen	δροσίζω	kühlen, erfrischen
ζεσταίνομαι	sich erwärmen, warm werden	ζεσταίνω	erwärmen
λούζομαι	sich die Haare waschen	λούζω	jemandem die Haare waschen
πλένομαι	sich waschen	πλένω	waschen

Es ist nicht ausgeschlossen, daß diese Verben mit reflexiver Bedeutung auch passive Bedeutung haben können:

το παιδί πλένεται   das Kind wäscht sich

το παιδί πλένεται από τη μητέρα του
                das Kind wird von seiner Mutter gewaschen.

2. Passive Bedeutung

απαγορεύεται	es ist verboten
ενοικιάζεται	zu vermieten
επιτρέπεται	es ist erlaubt
διορθώνονται	sie werden ausgebessert
αποκλείεται	(es ist) ausgeschlossen

Το δωμάτιο ενοικιάζεται από την κυρά Ισμήνη.
Aktiv > η κυρά Ισμήνη νοικιάζει το δωμάτιο.

3. Weitere Verben mit passiver Endung

γίνομαι	geschehen, werden
(τι γίνεστε;	wie geht es Ihnen?)
εργάζομαι	arbeiten
έρχομαι	kommen
εύχομαι	wünschen
ντρέπομαι	sich schämen
φαίνομαι	scheinen, erscheinen
(μου φαίνεται	mir scheint)
φαντάζομαι	sich vorstellen
χρειάζομαι	brauchen, benötigen

το πουκάμισο πλένεται εύκολα	- das Hemd kann leicht gewaschen werden - das Hemd ist leicht waschbar - das Hemd ist leicht zu waschen
γίνεται αυτό;	- kann das geschehen? - ist das machbar? - ist das möglich?
δε γίνεται	- (das) ist nicht zu machen - (das) kann nicht geschehen - Unmöglich!
αυτό το νερό δεν πίνεται	- das Wasser hier kann (und darf) nicht getrunken werden. - das Wasser ist nicht trinkbar - kein Trinkwasser!

Das griechische Passiv steht im Präsens oft zum **Ausdruck einer Möglichkeit**, einer Modalität, im Deutschen meist Ausdrücken wie «man kann es...» entsprechend.
Der «Täter» wird dabei nicht genannt, eine Konstruktion mit από ist nicht möglich.

η μακαρονάδα τρώγεται	- die Spaghetti können gegessen werden - man kann die Spaghetti essen - die Spaghetti sind eßbar - die Spaghetti schmecken ganz gut
δεν τρώγεσαι σήμερα	- du kannst heute nicht gegessen werden - du bist nicht eßbar ... - du bist nicht zu genießen - also: du bist heute unerträglich!

για verstärkt να in Finalsätzen: deutsch: «um zu» bzw. «damit»:
Να το καλοριφέρ, για να ζεσταίνεστε πολύ καλά το χειμώνα.

παρα - als Präfix vor Verben entspricht deutschem «zu» vor Adjektiven:
το δωμάτιο παραείναι μικρό: das Zimmer ist zu klein
παρατρώει: er ißt zu viel

Die Ordinalzahlen

der, die, das erste	πρώτος, πρώτη, πρώτο		
zweite	δεύτερος	η Δευτέρα	Montag
dritte	τρίτος	η Τρίτη	Dienstag
vierte	τέταρτος	η Τετάρτη	Mittwoch
fünfte	πέμπτος	η Πέμπτη	Donnerstag
sechste	έκτος		
siebte	έβδομος		
achte	όγδοος		
neunte	ένατος		
zehnte	δέκατος		
elfte	ενδέκατος		
zwölfte	δωδέκατος		
		η Παρασκευή	Freitag
		το Σάββατο	Sonnabend
		η Κυριακή	Sonntag

14 C Ασκήσεις

1 | Antworten Sie: |

1. Τι νοικιάζεται εδώ;
2. Τι δωμάτιο χρειάζεται ο Κώστας;
3. Γιατί χρειάζεται ένα μεγάλο κρεβάτι;
4. Γιατί η κυρά Ισμήνη φαντάζεται πως ο Κώστας είναι φοιτητής;
5. Γιατί έχει τόσα βιβλία;
6. Τι σπουδάζει;
7. Πού κάνει γυμναστική;
8. Πού πλένεται και λούζεται κανείς;
9. Πού είναι το μπάνιο;
10. Νοικιάζεται επιπλωμένο το δωμάτιο;
11. Πώς ζεσταίνεται το δωμάτιο;
12. Πώς δροσίζεται το καλοκαίρι;
13. Έχει φασαρία; Γιατί;
14. Πόσο ενοίκιο ζητάει η κυρά Ισμήνη;
15. Αρέσει το δωμάτιο στον Κώστα;
16. Αρέσει στην κυρά Ισμήνη ο Κώστας;
17. Γιατί βιάζεται ο Κώστας;

	σωστό	λάθος
2 Ο Κώστας δεν είναι πλούσιος		
Βιάζεται, γιατί από κάτω περιμένει η φίλη του.		
Το δωμάτιο το καλοκαίρι δε δροσίζεται καθόλου.		
Το μπάνιο δεν έχει ντους.		
Η κυρά Ισμήνη ζητάει δυο χιλιάρικα το μήνα.		
Με το καλοριφέρ ζεσταίνεται κανείς πολύ καλά το χειμώνα.		
Ο Κώστας και η Μαριλένα χρειάζονται πολύ χώρο.		
Το κρεβάτι τους είναι πολύ μικρό.		
Το δωμάτιο νοικιάζεται επιπλωμένο.		
Ο Κώστας σπουδάζει φιλολογία και φιλοσοφία.		
Ο δρόμος κάτω είναι κεντρικός.		
Η γυμναστική γίνεται στο σπίτι.		
Το μεγάλο δωμάτιο δεν αρέσει στον Κώστα.		
Ο πατέρας του στο χωριό έχει το πρακτορείο εφημερίδων.		

3 | Ergänzen Sie mit dem passenden Verb aus dem Kasten:

Με ένα καλοριφέρ .... κανείς το χειμώνα.
Ο Κώστας .... ένα μεγάλο κρεβάτι.
Η κυρά Ισμήνη .... πως η γυμναστική
.... στο γυμναστήριο.
Το καλοκαίρι με κρύο νερό .... κανείς.
Γιατί ....; Γιατί ο πατέρας σας δε
βγάζει πολλά;
Κάθε πρωί .... με κρύο νερό.
Η Μαριλένα περιμένει κάτω τόση ώρα.
.... αυτό;

φαντάζεται
δροσίζεται
χρειάζεται
ντρέπεστε
πλένομαι
ζεσταίνεται
γίνεται
επιτρέπεται

4 | Εμείς πλεν... στο μπάνιο.
Εμείς πλενόμαστε στο μπάνιο.

Το δωμάτιο που νοικιάζ... είναι πολύ μικρό. Χρειάζ... ένα πιο μεγάλο;
Από πού δροσίζ... το μπάνιο; Εγώ, όταν ζεσταίν..., δροσίζ... με ένα
ντους. Κυρία Ισμήνη, λούζ... συχνά; Δε βρίσκ... εύκολα επιπλωμένα
δωμάτια. Ο κύριος Κώστας βιάζ... πολύ, γιατί κάτω απαγορεύ... το
πάρκιν. Τι γίν... το παιδί; Στη φωτογραφία φαίν... πολύ καλό. Όχι,
αποκλεί..., δε γίν... τέτοια πράματα.

5 | αυτός, χρειάζομαι, λεφτά
αυτός χρειάζεται λεφτά.

Με το καλοριφέρ, δε δροσίζομαι, αλλά ζεσταίνομαι, το δωμάτιο.
Ο κύριος Κώστας, πλένομαι, συχνά.
Εσείς, τι, γίνομαι;
Αυτό, αποκλείομαι, σήμερα.
Εμείς, χρειάζομαι, ένα πολύ μεγάλο κρεβάτι.
Αυτοί, δε βιάζομαι, καθόλου.
Η γυμναστική, δε γίνομαι, στο δωμάτιο.
Το δωμάτιο, νοικιάζομαι, επιπλωμένο.
Αυτό το βιβλίο, φαίνομαι, ακριβό.
Εσείς, δεν έρχομαι, για φαγητό;
Το κάπνισμα, δεν επιτρέπομαι, εδώ.

6 | Bilden Sie 5 Sätze mit για να - um zu. |

wie etwa: Για να πάει ο Γιώργος στην Ελλάδα, χρειάζεται και λεφτά και καιρό.

7 | Übersetzen Sie: |

I. Στο τηλέφωνο

Α. Εμπρός, λέγετε!

Β. Γιώργο, εσύ;

Α. Δεν ακούω καλά, ποιος;

Β. Άκου, Γιώργο, ...

Α. Ποιος είναι, πώς λέγεστε;

Β. Καραγκιόζογλου, εσείς ποιος είστε;

Α. Α Κώστα, εσύ;

Β. Όχι, λάθος, Βαγγέλη με λένε εμένα.

Α. Ορίστε σύγχυση! Λάθος!

Β. Με συγχωρείτε, τι νούμερο έχετε;

Α. 5691370.

Β. Πώς; 5692370;

Α. Μάλιστα, ναι, όχι, δεν ξέρω. Γιώργο με λένε, Βαγγέλη με λένε; Καραγκιόζογλου εσείς, Χατζηαμπελόπουλος εγώ, ή όχι; Δεν καταλαβαίνω πια τίποτα.

II. Η σούπα

Α. Γκαρσόν, αυτή η σούπα δεν τρώγεται.

Γ. Τι έχει;

Α. Είναι κρύα.

Γ. Μικρό το κακό, ζεσταίνεται εύκολα.

Α. Εντάξει, και μια μπίρα παγωμένη, παρακαλώ!

III. Τα έντομα

Πώς λέγονται αυτά τα έντομα στα ελληνικά;

Ποια έντομα εννοείτε;

Εκείνα που τσιμπάνε.

Λέγονται κουνούπια και κοριοί!

Και πώς σκοτώνονται;

Τα κουνούπια με το χέρι ή με καμιά εφημερίδα. Οι κοριοί είναι αθάνατοι!

IV Μια βδομάδα του λαχειοπώλη

... την **Τρίτη**: Λαχεία! Εξαργυρώνω.΄Ολος ο κατάλογος από χτες.
... την **Τετάρτη**: Λαχεία! Πάρτε λαχεία!
... την **Πέμπτη**: Λαχεία! Εκατό χιλιάδες, πεντακόσιες χιλιάδες!
... την **Παρασκευή**: Λαχεία! Εκατομμύρια! Πάρτε λαχεία!
... το **Σάββατο**: Λαχεία! Τη Δευτέρα κληρώνονται! Εκατομμύρια!
... την **Κυριακή**: Λαχεία! Αύριο, αύριο, αύριο κληρώνονται!
... τη **Δευτέρα**, το πρωί: Σήμερα, σήμερα, σήμερα! Σήμερα
κληρώνονται. Τα τελευταία εκατομμύρια!
... τη **Δευτέρα**, το απόγευμα: Σήμερα, απόψε, στις έξι! Τα τελευταία
λαχεία, ορίστε! Σήμερα, τώρα, τώρα...
... τη **Δευτέρα**, στις 5: Μια ώρα ακόμα, παιδιά. Σε μια ώρα
κληρώνονται!
στις 5 και τέταρτο: Ούτε μια ώρα πια. Σε λίγο η κλήρωση.
στις πεντέμισι: Μισή ώρα, μισή ώρα, στις 6 κληρώνονται.
στις 6 παρά τέταρτο:΄Ενα τέταρτο, το τελευταίο τέταρτο!
Σε ένα τέταρτο τα εκατομμύρια!
στις 6 το απόγευμα: Πάει και αυτή η σειρά!΄Αντε, καλή
επιτυχία!

V. Στον παιδικό σταθμό

— Είσαι Έλληνας;

— Γιαβόλ, Έλληνας.

— Πού είναι ο πατέρας σου και η μητέρα σου;

— Στο εργοστάσιο. Η μούτη έρχεται το απόγευμα και με παίρνει.

— Έχει εδώ άλλα Ελληνόπουλα;

— Δεν ξέρω.

— Τσακώνεστε μεταξύ σας τα παιδιά;

— Δεν ξέρω (δεν κατάλαβε τη λέξη «τσακώνομαι»).

— Αγαπάς όλα τα παιδιά εδώ;

— Γιαβόλ, πολύ.

— Θέλεις να πας στην Ελλάδα, στον παππού και στη γιαγιά;

— Νάιν.

aus: Γιώργος Ματζουράνης, Μας λένε Γκασταρμπάιτερ, Athen 1977, 67

8 | Schreiben Sie das ganze Stück mit der eingesetzten Verbform ab.

Η Ανδρομάχη ... (σηκώνομαι) σήμερα πολύ αργά ... (πλένομαι, λούζομαι, σκουπίζομαι, χτενίζομαι) με όλη της την ησυχία. Δε ... (βιάζομαι) καθόλου σήμερα. Σιγά σιγά ... (γίνομαι) πολύ όμορφη ... (ντύνομαι) και με το ντύσιμο ... (φαίνομαι) ακόμα πιο όμορφη. Μετά φτιάχνει έναν καφέ, δεν τρώει τίποτα ούτε ... (κάθομαι) καθόλου στο τραπέζι. ... (φεύγω) από το σπίτι της στις εννιάμισι. Πηγαίνει στη στάση του λεωφορείου και ... (περιμένω). ... (έρχομαι) το λεωφορείο. ... (ανεβαίνω) και ... (κάθομαι). ΄Εχει όρεξη για ένα τσιγάρο, αλλά στο λεωφορείο ... (απαγορεύομαι) το κάπνισμα. Δε ... (γίνομαι). Κρίμα, ... (σκέφτομαι). Τόση ώρα χωρίς τσιγάρο! ... (αντέχομαι) αυτό; Αλλά δυστυχώς με τόσον κόσμο μέσα στο λεωφορείο ... (αποκλείομαι) το κάπνισμα.

Ευτυχώς το λεωφορείο φτάνει γρήγορα στο κέντρο, η Ανδρομάχη ... (κατεβαίνω) και αμέσως ... (παίρνω) τα τσιγάρα από την τσάντα της. Αλλά ... (χρειάζομαι) και φωτιά. Και πούντα τώρα τα σπίρτα; Πλησιάζει έναν που ... (στέκομαι) μπροστά σε μια βιτρίνα και τον ... (ρωτάω): Μήπως έχετε φωτιά;

Εκείνος γυρίζει, την κοιτάζει από πάνω ως κάτω και απαντάει: φλέγομαι.

9 | Übersetzen Sie:

Wer kommt? Von woher kommen Sie? Ich komme aus Köln. Ich bin aus Köln. (η Κολωνία)
Die Fische sind nicht eßbar. Kaffeehaus zu vermieten. Du bist heute unausstehlich. Retsina soll/muß man kühl trinken.
Uso trinkt man mit Wasser. Ausgeschlossen, das ist nicht zu machen! Wie heißt du? Ich heiße Peter und wie heißt du? Ich heiße Athanasios. Ich bin 65 und wie alt bis du? 2 1/2!
Wie stellen Sie sich das vor, geht es oder geht es nicht?
Das ist nicht erlaubt, schämen Sie sich denn nicht? Du bist unverbesserlich! Er arbeitet dauernd. Er wünscht uns eine gute Reise.

10   Beschreiben Sie dieses Bild:

11   Machen Sie dieses Schild für einen heutigen Griechen verständlich:

12   Spielanleitung

Melden Sie sich auf Annonce Nr. 5 (aus Teil A)

Τα καβουράκια

Στου γιαλού τα βοτσα- λάκια κάθον- ται δυό καβου- ράκια
έρμα, παραπονεμέ- να κι ό- λο κλαίνε τα καη- μένα
Η μα- μά τους η κυρία καβου- ρίνα πάει τσάρκα με το
σπάρο στη Ρα- φίνα· Η μα- φίνα· κι όλο κλαίνε τα καβου-
ράκια στου για- λού, στου γιαλού τα βοτσα- λάκια.

Στου γιαλού τα βοτσαλάκια
κάθονται δυο καβουράκια,
έρμα, παραπονεμένα
κι όλο κλαίνε τα καημένα.

Η μαμά τους η κυρία Καβουρίνα
πάει τσάρκα με το Σπάρο στη Ραφίνα·
κι όλο κλαίνε τα καβουράκια
στου γιαλού τα βοτσαλάκια.

Πάει ο Κάβουρας το βράδι,
βρίσκει το τσαρδί ρημάδι,
ψάχνει για τη φαμελιά του
και τραβάει τα μαλλιά του.

Βάζει πλώρη κούτσα-κούτσα στη Ραφίνα
να πετύχει την κυρία Καβουρίνα·
κι όλο κλαίνε τα καβουράκια
στου γιαλού τα βοτσαλάκια.

Το ξημέρωμα ροδίζει
και ο Κάβουρας γυρίζει
δίχως τη συμβία πάλι
κούτσα κούτσα στ' ακρογιάλι.

Με το Σπάρο τον ξενύχτη στη Ραφίνα
παίζει τώρα στα ρηχά η Καβουρίνα·
κι όλο κλαίνε τα καβουράκια
στου γιαλού τα βοτσαλάκια.

μουσική: Βασίλης Τσιτσάνης
στίχοι: Παπαγιαννοπούλου

Die Krebslein

Auf den Kieselsteinen des Strandes
sitzen zwei Krebslein
verlassen, traurig,
und sie weinen immerzu, die Armen.

Ihre Mama, die Frau Krebsin,
macht 'ne Runde mit Herrn Brasse nach Rafina;
und die Krebslein weinen immerzu
auf den Kieseln des Strandes.

Herr Krebs kommt am Abend
und findet die Bude auf den Kopf gestellt,
sucht nach seiner Familie
und rauft sich die Haare.

Er sticht humpelnd nach Rafina in See
um Frau Krebsin zu erwischen;
und die Krebslein weinen immerzu
auf den Kieseln des Strandes.

Das Morgenrot bricht an
und Herr Krebs kehrt zurück,
wieder ohne die Frau Gemahlin,
humpelnd an den Strand.

Mit Herrn Brasse, dem Nachtschwärmer, in Rafina,
vergnügt sich Frau Krebs jetzt im Sand;
und die Krebslein weinen immerzu
auf den Kieseln des Strandes.

14 D Καινούριες λέξεις

ΕΝΟΙΚΙΑΖΕΤΑΙ ΔΩΜΑΤΙΟ	Zimmer zu vermieten (offizieller Gebrauch)	συμφωνώ	übereinstimmen
νοικιάζω	mieten, vermieten	φαίνομαι	scheinen, erscheinen
βρίσκομαι	sich befinden	μου φαίνεται	es scheint mir
ψάχνω	suchen	ντρέπομαι	sich schämen
χρειάζομαι	brauchen	το χωριό	Dorf
επιτρέπω	erlauben	το πρακτορείο	Agentur, Büro
επιτρέπεται	es ist erlaubt	σύμφωνος	einverstanden, übereinstimmend
η φοιτήτρια	Studentin	βιάζομαι	es eilig haben,
η γυμναστική	Turnen, Sport		sich beeilen
γιαυτό	deshalb	από κάτω	von unten, unten
ο χώρος	Platz, Raum	το φορτηγό	Lastwagen
παραείναι μικρό	ist zu klein	ο συγκάτοικος	Mitbewohner
αποκλείεται!	ausgeschlossen!	το διαμέρισμα	Appartement
φαντάζομαι	glauben, sich vorstellen	ο κλέφτης	Dieb
		χαίρομαι	sich freuen
γίνεται	es geschieht	γίνομαι	geschehen, werden, stattfinden
το γυμναστήριο	Turnhalle		
πλένομαι	sich waschen	ο σπανός	Bartloser
λούζω	jem. die Haare waschen	διορθώνω	reparieren, verbessern
λούζομαι	sich die Haare waschen	η κάλτσα	Strumpf
		απαγορεύεται	es ist verboten
το μπάνιο	Bad	απαγορεύω	verbieten
το ντους	Dusche	το κάπνισμα	Rauchen
επιπλωμένος	möbliert	η είσοδος	Eintritt, Eingang
τα έπιπλα	Möbel	η φωτογράφηση	Fotografieren
η σόμπα	Ofen		
το καλοριφέρ	Heizung	**Zu 14 B:**	
ζεσταίνω	anwärmen		
ζεσταίνομαι	warm werden	τακτικά	regelmäßig
ευχάριστος	angenehm	το σαπούνι	Seife
δροσίζω	kühlen	εργάζομαι	arbeiten
δροσίζομαι	kühl werden	έρχομαι	kommen
το παράθυρο	Fenster	εύχομαι	wünschen
από ησυχία	was die Ruhe betrifft,	η μακαρονάδα	Spaghettigericht
		το πουκάμισο	Hemd
άλλο τίποτε	sonst etwas, sonst nichts, («kein Problem»)		
		Zu 14 C:	
η φασαρία	Lärm, Krach Trubel	η σύγχυση	Durcheinander
		άκου!	hör!
κεντρικός	zentral, Haupt-	πιο	mehr
το ενοίκιο	Miete	το έντομο	Insekt

τσιμπάω	beißen, kneifen, eine Kleinigkeit essen	το Ελληνόπουλο	griechisches Kind
το κουνούπι	Mücke	τσακώνομαι	sich streiten
ο κοριός	Wanze	μεταξύ	zwischen, «unter»
σκοτώνω	töten	σηκώνομαι	aufstehen, sich erheben
σκοτώνομαι	sich töten, getötet werden	σκουπίζομαι	sich abtrocknen
αθάνατος	unsterblich	χτενίζομαι	sich kämmen
ο λαχειοπώλης	Losverkäufer	ντύνομαι	sich anziehen
το λαχείο	Los	το ντύσιμο	Anziehen
εξαργυρώνω	auszahlen	κάθομαι	sitzen, sich setzen
χτες	gestern	σκέφτομαι	denken
πάρτε!	nehmen Sie! (< παίρνω)	τόση ώρα	so lange (Zeit)
εκατό χιλιάδες	100.000	αντέχω	aushalten, ertragen
το εκατομμύριο	Million	αντέχομαι	auszuhalten sein
κληρώνομαι	ausgelost werden	το κέντρο	Innenstadt, auch: Lokal
η Κυριακή	Sonntag	η τσάντα	Handtasche
τελευταίος	letzter	πλησιάζω	sich nähern
σε λίγο	in Kürze, bald	στέκομαι	(da) stehen, stehen bleiben
η κλήρωση	Ziehung, Verlosung	η βιτρίνα	Schaufenster
η σειρά	Reihe	φλέγομαι	in Flammen stehen
η επιτυχία	Erfolg	ο άρτος	Brot (nur offiziell)
καλή επιτυχία!	viel Erfolg!	ενώπιον	angesichts (nur offiziell)
ο παιδικός σταθμός	Kindergarten		

15 A Lektion 15

| Στο ταχυδρομείο |

▶ η δεσποινίς Χέλγκα
▶ ο υπάλληλος (Υ)

Χ. Παρακαλώ δυο γραμματόσημα.

Υ. Ορίστε; Γι' αυτά τα γράμματα είναι;

Χ. Μάλιστα, το ένα είναι καρτ ποστάλ. Από την Ακρόπολη· βλέπετε;

Υ. Την Ακρόπολη την βλέπω, αλλά τη διεύθυνση δεν την βλέπω καλά. Τις διευθύνσεις πρέπει να τις γράφετε πάντα καθαρά, δεσποινίς μου! Για πού πάει;

Χ. Για το Βούπερταλ, στη θεία μου, την κυρία Σμάλτσστρουμπφ.

Υ. Χώρα;

Χ. Τι εννοείτε; δεν καταλαβαίνω.

Υ. Σε ποια χώρα μένει η θεία σας;

Χ. Χώρα; Στο Νόρντραϊν-Βεστφάλεν, αν θυμάμαι καλά.

Υ. Χώρα είναι αυτή ή πόλη; Στην Ευρώπη είναι;

Χ. Α, μήπως εννοείτε τη Γερμανία;

Υ. Αν αυτό το, πώς το λένε, αυτό το Βούπερταλ βρίσκεται στη Γερμανία, τη Γερμανία εννοώ. Μάλιστα. Συνεννοούμαστε περίφημα, βλέπω. Δε μου λέτε, δεσποινίς, δεν είστε από δω;

Χ. Δε φαίνεται;

Υ. Πώς δε φαίνεται. Από πού είστε, αν επιτρέπεται;

Χ. Γερμανίδα είμαι. Αλλά τι σχέση έχει αυτό με την καρτ ποστάλ για τη θεία μου;

Υ. Αυτό αναρωτιέμαι και εγώ. Λοιπόν, εδώ κάτω χρειάζεται ακόμα η λέξη Germany, ή, αφού ξέρετε τόσο καλά ελληνικά, «Γερμανία», και θα είστε εντάξει.

Χ. Τώρα το γράμμα, το ζυγίζετε, παρακαλώ;

Υ. Ευχαρίστως. Κάνει 21 δραχμές, απλό.

Χ. Τι σημαίνει απλό;

Υ. Ένα απλό γράμμα για τη Γερμανία πηγαίνει βέβαια αεροπορικώς, αλλά υπάρχει και το «κατεπείγον», το εξπρές.

Χ. Ναι, πολύ εξπρές το θέλω. Ο αρραβωνιαστικός μου στενοχωριέται πολύ εκεί που είναι μόνος του, θέλει από ένα γράμμα κάθε μέρα, αλλιώς παραπονιέται συνεχώς.

Υ. Και γιατί δεν τον παίρνετε στο τηλέφωνο;

Χ. Δυστυχώς δεν έχει τηλέφωνο ούτε στο σπίτι του ούτε στη δουλειά του. Είναι και ακριβό το τηλέφωνο.

Υ. Δε βαριέσαι, πιο καλά συνεννοείται κανείς με το τηλέφωνο, πιο εύκολα διηγείται κανείς τις λεπτομέρειες. ΄Εστω. Μήπως το θέλετε το γράμμα και συστημένο; Εξαρτάται τι έχει μέσα.

Χ. ---

Υ. Τι έχει μέσα;

Χ. Τι σας ενδιαφέρει; ΄Οχι, δε χρειάζεται. Πού είναι το κουτί;

Υ. Να εκεί πέρα το κίτρινο γραμματικιβώτιο, εκεί που λέει «αεροπορικώς και εξωτερικού». ΄Αλλο τίποτε;

Χ. Μια ερώτηση. Το Ποστ Ρεστάντ που είναι;

Υ. Εκεί απέναντι που γράφει POSTE RESTANTE. Χρειάζεστε όμως το διαβατήριό σας.

Χ. ΄Εχω και αυτό το δέμα.

Υ. Μα αυτό παραείναι μεγάλο. Αυτό στοιχίζει απλό 495 δραχμές, αεροπορικώς 1090 δρχ.

Χ. Πω πω! Και δεν τό πηγαίνω καλύτερα μόνη μου;

Υ. Σιγά, δεν πηγαίνει στη Γερμανία;

Χ. Τι Γερμανία λέτε; Από κει έρχεται. Είναι η φορητή τηλεόραση, δώρο για τη φίλη μου στα Τρίκαλα.

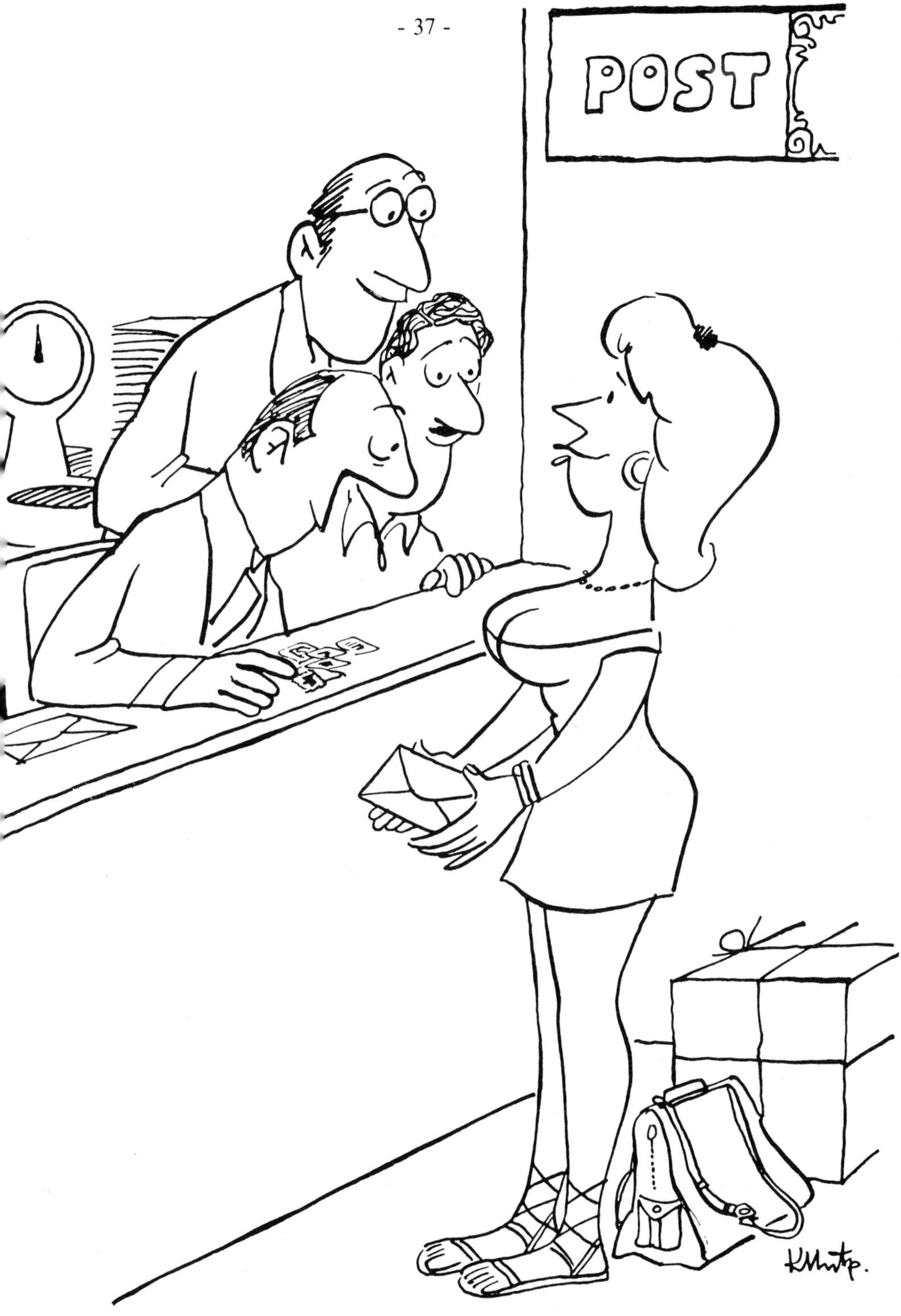
POST

Ο Χρόνος

Τον Ιανουάριο κάνει κρύο, και στα βουνά χιονίζει.

Το Φεβρουάριο κάνει κρύο και βρέχει.

Το Μάρτιο κάνει ακόμα κρύο, αρχίζει όμως η άνοιξη.

Τον Απρίλιο έχει και ήλιο και βροχή, κάνει και κρύο και ζέστη.

Το Μάιο ανθίζουν τα λουλούδια.

Τον Ιούνιο κάνει ζέστη, η θάλασσα θερμαίνεται. Καλοκαίρι πια!

Τον Ιούλιο, η πιο μεγάλη ζέστη.

Τον Αύγουστο κάνει επίσης ζέστη, αλλά από της Παναγίας και ύστερα πιάνουν οι δροσιές.

Το Σεπτέμβριο έχει και ζέστη και δροσιά: το φθινόπωρο με τα τελευταία μας μπάνια.

Τον Οκτώβριο οι μέρες μικραίνουν, τα βράδια κάνει ψύχρα, αλλά είναι και το μικρό καλοκαιράκι.

Το Νοέμβριο κάνει ψύχρα, και έχει πολλή υγρασία.

Το Δεκέμβριο αρχίζει ο χειμώνας και μ' αυτόν τελειώνουν και οι δώδεκα μήνες του χρόνου.

ΚΑΙΡΟΣ

Ο ΚΑΙΡΟΣ γίνεται επιτέλους πιο φθινοπωρινός, σύμφωνα με τις προβλέψεις της ΕΜΥ. Η θερμοκρασία θα σημειώσει μικρή πτώση σήμερα και αύριο, ενώ στα κεντρικά και βόρεια αναμένονται σποραδικές βροχές και λίγες καταιγίδες.

Σήμερα στην Αττική προβλέπονται παροδικές νεφώσεις, ενώ ως το μεσημέρι υπάρχει μικρή πιθανότητα να βρέξει πρόσκαιρα. Οι άνεμοι θα είναι αρχικά νότιοι μέτριοι, αλλά προοδευτικά θα γίνουν βορειοδυτικοί με την ίδια ένταση. Η θάλασσα στον Σαρωνικό και Ν. Ευβοϊκό θα είναι λίγο ταραγμένη ως ταραγμένη και η θερμοκρασία θα κυμανθεί από 14 ως 23 βαθμούς.

15 B Grammatik

Die für das Aktiv der «endbetonten» Verben eingeführte Aufteilung in Verben auf -άω, -άς... und -ώ, -είς... hat ihre Entsprechung bei den Passivendungen.

Der Aktivendung -άω, -άς... entspricht in der Regel die Passivendung -ιέμαι, -ιέσαι... z.B. αγαπιέμαι, γελιέμαι, μετριέμαι.

Der Aktivendung -ώ, είς... entspricht oft die Passivendung -ούμαι, είσαι... z.B. συγχωρώ, χρησιμοποιώ.

Zusätzlich zu diesen zwei Konjugationsklassen gibt es eine dritte auf -άμαι, -άσαι..., die aber auf einige wenige Verben beschränkt ist.

I	II	III
αγαπ- ιέμαι	διηγ- ούμαι	φοβ- άμαι (auch: φοβούμαι)
αγαπ- ιέσαι	διηγ- είσαι	φοβ- άσαι
αγαπ- ιέται	διηγ- είται	φοβ- άται
αγαπ- ιόμαστε	διηγ- ούμαστε	φοβ- όμαστε
αγαπ- ιέστε	διηγ- είστε	φοβ- άστε
αγαπ- ιούνται	διηγ- ούνται	φοβ- ούνται

Die in der griechischen Texten dieser Lektion vorkommenden Verben, auf diese Klassen verteilt:

I	II	III
αναρωτιέμαι	διηγούμαι	εξαρτάται
βαριέμαι	συνεννοούμαι	θυμάμαι
βαστιέμαι		κοιμάμαι
παραπονιέμαι		λυπάμαι
στενοχωριέμαι		φοβάμαι
χασμουριέμαι		

Restliche Zahlen

δυο χιλιάδες   2000
εκατομμύριο   1.000.000
δισεκατομμύριο   Milliarde

μηδέν   0 = Null

«beide», «alle drei» usw.

και οι δύο, και τα δύο   beide
και οι τρεις, και τα τρία   alle drei usw.

Beispiel: Βλέπω και τις δύο μηχανές
            Και τα τρία καφενεία είναι ωραία.

Die vier Grundrechenarten

+ και, συν   1 και 1 ίσον 2
- μείον, πλην   2 μείον 1 ίσον 1
× επί   3 επί 5 ίσον 15
: διά   15 διά 5 ίσον 3

Datumsangaben:

Nur für den 1. Tag des Monats ist die Ordnungszahl im Gebrauch:

την πρώτη Ιανουαρίου   am 1. Januar.

Sonst steht die Grundzahl («am» = στις (μέρες)):

στις δύο του μηνός   am 2. des Monats
στις είκοσι μία Φεβρουαρίου   am 21. Februar
στις τριάντα μία δωδεκάτου   am 31. 12.
σήμερα έχουμε τρεις του μηνός   heute haben wir den 3. des Monats.

Jahresangaben:

το oder στα + Grundzahl:
το 1980   im Jahre 1980
στα 1453   im Jahre 1453

ο χρόνος   das Jahr
τα χρόνια   die Jahre
π.Χ. - προ Χριστού   vor Christi
μ.Χ. - μετά Χριστόν   nach Christi

15 c Ασκήσεις

1 | Fragen zum Verständnis des Textes: |

— Τι ζητάει η Χέλγκα από τον υπάλληλο του ταχυδρομείου;
— Τι στέλνει η Χέλγκα με το ταχυδρομείο;
— Για πού πάει η κάρτα;
— Πού είναι το Βούπερταλ;
— Συνεννοούνται καλά η Χέλγκα και ο υπάλληλος;
— Γιατί;
— Είναι Ελληνίδα η Χέλγκα;
— Πόσο κάνει ένα γράμμα για τη Γερμανία;
— Πάει εξπρές το γράμμα της Χέλγκας;
— Γιατί παραπονιέται συνεχώς ο αρραβωνιαστικός της Χέλγκας;
— Γιατί δεν παίρνει τηλέφωνο η Χέλγκα τον αρραβωνιαστικό της;
— Πού ρίχνει η Χέλγκα το γράμμα και την καρτ ποστάλ της;
— Τι χρειάζεται η Χέλγκα για το Ποστ Ρεστάντ;
— Πού πηγαίνει το δέμα που κρατάει η Χέλγκα;
— Τι έχει μέσα το δέμα της Χέλγκας;
— Πόσο στοιχίζει;

2 | Wählen Sie aus: |

Ο υπάλληλος .... περίφημα με τη Χέλγκα.
Ο αρραβωνιαστικός της Χέλγκας ....
συνεχώς.
Στο τηλέφωνο .... κανείς πιο εύκολα τις
λεπτομέρειες.
Στο γράμμα .... ακόμα η λέξη: Γερμανία.
Πιο καλά .... κανείς με το τηλέφωνο.
Το Βούπερταλ .... στη Γερμανία.
.... κανείς τι σχέση έχει η καρτ ποστάλ της
Ακρόπολης με τη θεία στο Βούπερταλ.
Αν ...., από πού είστε;
Αν θέλετε το γράμμα συστημένο ή όχι, ...
τι έχει μέσα.
Η τηλεόραση .... από τη Γερμανία.
Το Βούπερταλ είναι στη Γερμανία, αν ....
καλά.
Δε ...., την τηλεόραση την πηγαίνω
καλύτερα μόνος μου.

έρχεται
διηγείται
συνεννοείται
βρίσκεται
συνεννοείται
θυμάμαι
αναρωτιέται
εξαρτάται
χρειάζεται
βαριέστε
επιτρέπεται
παραπονιέται

3 | Εμείς συνεννο...... περίφημά.
Εμείς συνεννοούμαστε περίφημα.
Wir verständigen uns prima.

Όταν χασμουρ...... ο Γιάννης, στενοχωρ...... η Φωφώ. Δε θυμ......,
Πέτρο, πού είναι το ταχυδρομείο; Λυπ...... πολύ, αλλά δε σας ακούω. Οι
φίλοι του αναρωτ...... πού βρισκ...... ο Γιάννης. Τα παιδιά φοβ...... πολύ
τα σκυλιά. Δε χρειάζ...... κατεπείγον γράμμα. Οι φίλοι μας
στενοχωρ...... όταν δεν τους γράφουμε τακτικά. Στο λεωφορείο διηγ......
πάντοτε ο κύριος Αλέκος τα νέα της ημέρας με όλες τις λεπτομέρειες.
Όλο παραπον...... ότι του πονάει το δόντι του, αλλά πάντα βαρ...... και
δεν πάει στο γιατρό. Τι ώρα κοιμ...... το βράδι; Στις 12 και μισή, γιατί
κάθ...... κάθε βράδι και βλέπω τηλεόραση.

4 | Το σπίτι που αγοράζει ο Κώστας παραείναι μεγάλο.
Το σπίτι που αγοράζεται από τον Κώστα παραείναι μεγάλο.

Όλα τα γράμματα που στέλνουν οι Έλληνες στο εξωτερικό, πρέπει
να έχουν σωστές διευθύνσεις.
Ο ταχυδρομικός υπάλληλος ζυγίζει το δέμα της Χέλγκας και το ρίχνει
στο σάκο.
Το μπάνιο το δροσίζει ένα μεγάλο παράθυρο.
Ο γιατρός δεν επιτρέπει το κάπνισμα στο Γιώργο.
Η αυτόματη μηχανή διορθώνει τις κάλτσες σας θαυμάσια.
Το πλυντήριο πλένει σήμερα τα περισσότερα ρούχα.
Μου απαγορεύει την είσοδο η αστυνομία.

5 | Setzen Sie ein: πρέπει, επιτρέπεται, απαγορεύεται,
μπορεί, αποκλείεται, κάνει.
Beispiel: Κάθε γράμμα ... να έχει σωστή διεύθυνση.
Κάθε γράμμα πρέπει να έχει σωστή διεύθυνση.

Δεν ... να τρέχεις τόσο, θα πέσεις. Στο μάθημα δεν ... να καπνίζει
κανείς. Ποιος ... να πηδήξει τόσο ψηλά, για να κατεβάσει τη μπάλα από
το δέντρο; Δεν ... να φτάσει η Μαρία εδώ και εμείς να λείπουμε. Αυτό το
φιλμ ... να το δούνε παιδιά, είναι μόνο για μεγάλους. Το πολύ κρασί ...
να βλάψει την υγεία σου. Αλλά λίγο ... να πίνεις.

6 | Lesen und antworten Sie: Πρόσκληση για σινεμά

Τάκης: Απόστολε, είσαι για κανένα σινεμά;
Απόστολος: Τώρα;
Τάκης: Ε πότε, αύριο το πρωί;
Απόστολος: Είμαι πολύ κουρασμένος. Κοιμάμαι όρθιος.
Τάκης: Έτσι όπως χασμουριέσαι!
Απόστολος: Λυπάμαι, ρε Τάκη, αλλά δε μπορώ. Είμαι πτώμα!
Τάκης: Δε βαριέσαι, δεν πειράζει. Σε βλέπω τι χάλια έχεις!
Απόστολος: Ναι, είμαι χάλια, φοβάμαι πως δε θα αντέξω.
Τάκης: Πάντως ωραίο είναι το έργο.
Απόστολος: Τι παίζουν;
Τάκης: «Εξομολογήσεις μιας ξανθιάς μαθήτριας».
Απόστολος: Ρε συ, και δε μιλάς τόση ώρα; Άντε, τι κάθεσai; Φύγαμε!

σωστό ή λάθος;	σωστό	λάθος
Ο Απόστολος προσκαλεί τον Τάκη για σινεμά.		
Ο Τάκης είναι πολύ κουρασμένος.		
Στο σινεμά παίζουν: «Εξομολόγηση ενός ξανθού μαθητή».		
Ο Απόστολος κοιμάται όρθιος.		
Ο Τάκης χασμουριέται συνεχώς.		
Ο Τάκης δεν είναι πτώμα.		
Ο Απόστολος έχει τα χάλια του.		
Ο Τάκης και ο Απόστολος πηγαίνουν σινεμά το πρωί.		

7 | Übersetzen Sie und spielen Sie nach: |

I. ΕΔΩ ΤΗΛΕΦΩΝΕΙΤΕ

— Πού έχει εδώ ΟΤΕ παρακαλώ;
— Περίπτερο έχουμε. Δεν ξέρετε να διαβάζετε; ΕΔΩ ΤΗΛΕΦΩΝΕΙΤΕ.
— Μα έχει πολλή φασαρία εδώ και θέλω να τηλεφωνήσω στο εξωτερικό.
— Τότε θα πάτε στον ΟΤΕ.
— Αυτό δε σας ρώτησα μόλις τώρα; Πού βρίσκεται ο ΟΤΕ;
— Εκείνο το ψηλό και πλούσιο κτήριο. Εκεί να πάτε. Εμείς μόνο ένα περίπτερο έχουμε. Πουλάμε τσίχλες, μπισκότα, τσιγάρα, σπίρτα, εφημερίδες, κόλλες και φακέλους.
— Όχι φάκελο, παρακαλώ. Ένα ΒΗΜΑ.
— Έχω μόνο ΤΑ ΝΕΑ· το ίδιο είναι, στο ίδιο ταμείο πηγαίνουν.

- 46 -

II. Στην τράπεζα

▶ η δεσποινίς Πέτρα
▶ ο Θεμιστοκλής
▶ τραπεζικός υπάλληλος

Π. Πού μπορώ να αλλάξω χρήματα;
Θ. Παντού!
Π. Δηλαδή;
Θ. Π.χ. σε μια τράπεζα.
Π. Πού είναι μια τράπεζα;

ΤΙΜΕΣ ΣΥΝΑΛΛΑΓΜΑΤΟΣ ΣΤΗΝ ΑΘΗΝΑ		
Κλείσιμο 29.10.90	Fixing Τράπεζα της	Τραπεζογραμμάτια
Νομίσματα	Ελλάδος	Αγορά Πώληση
Δολάριο ΗΠΑ	153,250	150,185 156,315
Μάρκο Δ. Γερμανίας	100,924	98,418 102,456
Φράγκο Γαλλίας	30,171	29,266 30,473
Λίρα Αγγλίας	299,750	292,256 304,246
Φράγκο Ελβετίας	119,730	116,138 120,927
Φράγκο Βελγίου	4,909	4,762 4,958
Φιορίνι Ολλανδίας	89,614	86,926 90,510
Λιρέτα Ιταλίας	0,13487	0,13082 0,13622
Κορόνα Δανίας	26,470	25,676 26,735
Λίρα Δ. Ιρλανδίας	270,700	262,579 273,407
Σελίνι Αυστρίας	14,360	13,929 14,504
Κορόνα Σουηδίας	27,247	26,430 27,519
Κορόνα Νορβηγίας	25,983	25,204 26,243
Δολάριο Καναδά	131,200	127,264 132,512
Δολάριο Αυστραλίας	120,100	116,497 121,301
Γεν Ιαπωνίας	1,19425	1,15842 1,20619
Λίρα Κύπρου	356,150	345,466 359,712
Ευρ. Νομισμ. Μονάδα	209,032	204,851 213,213
Πεσέτα Ισπανίας	1,614	1,566 1,630
Εσκούδο Πορτογαλίας	1,147	1,113 1,158
Μάρκο Φινλανδίας	42,470	41,196 42,895

Θ. Να, μπροστά σας, δεσποινίς, εκεί που λέει BANK.
Π. Ευχαριστώ πολύ. Θα πάω εκεί.
Θ. Μπορώ να σας βοηθήσω; Μήπως ο υπάλληλος εκεί δεν ξέρει γερμανικά.
Π. Δε σας κατάλαβα, κύριε, γερμανικά μιλάμε εμείς;
Θ. Βέβαια όχι, με συγχωρείτε, φροϊλάιν, απλώς ήθελα να σας βοηθήσω.
Π. Ωραία. Πάμε λοιπόν.
Θ. Να, εκεί που λέει «τσέιντς» (change).
υ. Τι θέλετε;
Π.-Θ. Θέλουμε να αλλάξουμε μάρκα σε δραχμές.
υ. Ποιος από τους δυο σας;
Θ. Τι σας ενδιαφέρει;
υ. Χρειάζομαι το διαβατήριο εκείνου, που θέλει να αλλάξει.
Θ. Ορίστε, η δεσποινίς θέλει να αλλάξει.
υ. Θα μου δείξετε, παρακαλώ, το διαβατήριό σας, δεσποινίς;
Π. Ορίστε το διαβατήριό μου.
υ. Πόσα θέλετε να αλλάξετε;
Π. Έχω να αλλάξω 100 γερμανικά μάρκα, 700 σελίνια Αυστρίας, 30 ελβετικά φράγκα, και 30 δολάρια.
Θ. Πόσο έχει το μάρκο σήμερα;
υ. 34.70 δραχμές.
Π. Πόσα θα πάρω λοιπόν;
υ. Θα σας πω αμέσως: 100 μάρκα είναι 3470 δραχμές, 700 σελίνια Αυστρίας είναι 2009 δραχμές, 30 ελβετικά φράγκα είναι 1153 δραχμές και το δολλάριο πάει σήμερα...
Θ. Όλα μαζί 7328 δραχμές.
Π.: Πώς το βρήκατε τόσο γρήγορα;
Θ. Η τέλεια εξυπηρέτηση στις φροϊλάιν περιλαμβάνει και το κομπιουτεράκι.

III. Τα καρπούζια

▶ ο Αριστείδης
▶ ο Παύλος

Α. Καρπούζια, ωραία καρπούζια!
Π. Θέλω αυτά τα τέσσερα.
Α. Και τα τέσσερα μαζί; Πού είναι το αμάξι σας;
Π. Αμάξι δεν έχω, ευτυχώς όμως έχω γερά μπράτσα.
Α. Και πώς θα τα κρατήσετε και θα τα μεταφέρετε και τα τέσσερα καρπούζια;
Π. Τέσσερα διά δύο ίσον δύο. Δύο χέρια δεν έχω;
Α. Μα ξεχάσατε αυτό που λέει και η παροιμία: δυο καρπούζια σε μια μασχάλη δε βαστιούνται;

8. Übersetzung - Μετάφραση

Das kleine Kind wollte in den Bus einsteigen, aber es konnte nicht. Die Treppe war zu hoch. Keiner half ihm. Als der Bus am Abfahren war, sah der Schaffner das Kind, das nicht einsteigen konnte. Er rief zum Fahrer «einen Moment», stieg aus, hob das Kind hoch, das Kind bezahlte seinen Fahrschein, der Bus fuhr ab und alles war in Ordnung.

9 | Übersetzung - Μετάφραση |

A. Wie verständigt man sich besser, mit dem Telefon oder mit einem Eilbrief?

B. Das hängt davon ab, was Sie wollen. Wenn Sie es nicht eilig haben, können Sie ihm einen Eilbrief schicken. Wenn Sie es eilig haben, können Sie ihn anrufen.

A. Ich erinnere mich aber nicht an seine Telefonnummer.

B. Das macht nichts, dafür gibt es ja Telefonbücher (ο τηλεφωνικός κατάλογος).

A. Das ist aber im Ausland.

B. Macht nichts, dort gibt es auch Telefonbücher.

A. Ich brauche seine Nummer aber jetzt, von hier aus.

B. In welchem Land lebt Apostolos?

A. In Deutschland.

B. In welcher Stadt?

A. In Berlin (το Βερολίνο).

B. Ich fürchte, von Berlin habe ich das Telefonbuch nicht.

A. Schade! Und jetzt?

B. Was ärgern Sie sich? So lange rede ich schon von einem Eilbrief!

10 | Spielanleitung |

Sie stehen in Delphi vor dem Problem, eine monumentale Gipsabbildung der antiken Statue des Wagenlenkers an Ihre Freundin in Zürich (η Ζυρίχη - η Ελβετία) zu verschicken. Abgesehen von den unüberwindlichen Schwierigkeiten des Transports zur Post, der Neugier des Beamten und dem dauernden Auf- und Zumachen (Szene 1) steht Ihnen das Problem der Verzollung ins Haus. Da es in Delphi keinen Zoll gibt, rütteln Sie die Zollbeamten in Itea aus dem Mittagsschlaf (Szene 2). Dies wirkt sich auf die Laune aus, es geht dabei auch um Zuständigkeiten (ο αρμόδιος), Abhängigkeiten (εξαρτάται), Unmöglichkeiten (αποκλείεται) und dergleichen mehr.

Sie resignieren und setzen die Statue aus. So steht nun ein Kitschgips mehr unter einem Olivenbaum bei Itea mit der Aufschrift «Für Hanna Hämmerli, με αγάπη». Ein Foto davon schicken Sie (PAR AVION - BY AIR MAIL - αεροπορικώς) und per Einschreiben von der Poststelle in Sarti (η Σάρτη - Χαλκιδική) (Szene 3) an die Verehrte.

ΛΟΥΛΑ

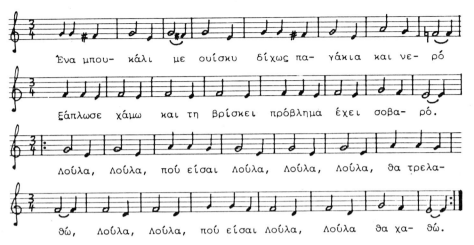

Ἕνα μπου- κάλι με ουίσκυ δίχως πα- γάκια και νε- ρό

ξάπλωσε χάμω και τη βρίσκει πρόβλημα έχει σοβα- ρό.

Λούλα, Λούλα, πού είσαι Λούλα, Λούλα, Λούλα, θα τρελα-

θώ, Λούλα, Λούλα, πού είσαι Λούλα, Λούλα θα χα- θώ.

Ἕνα μπουκάλι με ουίσκυ	Eine Bottel voll Whisky
δίχως παγάκια και νερό	ohne Eiswürfel und Soda
ξάπλωσε χάμω και την βρίσκει	er legt sich auf den Boden
πρόβλημα έχει σοβαρό.	und wird langsam high,
	sein Problem ist ernst.
Βγάζει τσιγάρο, το ανάβει	Er zieht eine Zigarette heraus
δαχτυλιδάκια του καπνού	zündet sie an, bläst Ringe von Rauch
έπαθε το μυαλό του βλάβη	er hat eine Macke,
του πήρε ο έρωτας το νου.	die Liebe hat ihn um den Verstand
	gebracht.
Ἔχει και μια φωτογραφία	Er hat noch ein altes Foto
κιτρινισμένη απ' τον καιρό	vergilbt von der Zeit
είναι η Λούλα, η μαφία,	drauf ist Lula, das Biest,
τότε που ήτανε μωρό.	als sie noch ein Baby war.
Λούλα, Λούλα, πού είσαι Λούλα	Lula, Lula, wo bist du, Lula
Λούλα, Λούλα, θα τρελαθώ,	Lula, Lula, ich werd' noch verrückt
Λούλα, Λούλα, πού είσαι Λούλα	Lula, Lula, wo bist du, Lula
Λούλα, θα χαθώ.	Lula, ich geh zugrunde.

μουσική και στίχοι: Γ. Λογοθέτης

15D Καινούριες λέξεις

το ταχυδρομείο	Post	το δέμα	Paket
το γραμματόσημο	Briefmarke	στοιχίζει	es kostet
ο υπάλληλος	Beamter, Ange-	πω πω	«oh je»
	stellter	φορητός	tragbar
η καρτ ποστάλ	Postkarte	το δώρο	Geschenk
Η Ακρόπολη	Akropolis	κάνει κρύο	es ist kalt
η διεύθυνση	Adresse, Direktion	χιονίζει	es schneit
η θεία	Tante	βρέχει	es regnet
η χώρα	Land	η βροχή	Regen
θυμάμαι	sich erinnern	κάνει ζέστη	es ist warm, heiß
το πώς το λένε	«Dingsda»	ανθίζω	blühen
συνεννοούμαι	sich verständigen	το λουλούδι	Blume
περίφημος	prächtig, berühmt	πια	schon, mehr,
δε μου λέτε,...	sagen Sie mal,...		hier: endlich!
η σχέση	Bezug, Verhältnis	επίσης	auch
αναρωτιέμαι	sich fragen	από της Παναγίας	ab 15. August
απλός	einfach	η Παναγία	Gottesmutter
τι σημαίνει;	was bedeutet?	μικραίνω	kleiner, kürzer wer-
αεροπορικώς	per Luftpost		den, - machen
κατεπείγον	per Eilboten	κάνει ψύχρα	es ist frisch
ο αρραβωνιαστικός	Verlobter	το καλοκαιράκι	kleiner Sommer
στενοχωριέμαι	bedrückt, depri-	η υγρασία	Feuchtigkeit, Nässe
	miert sein		
παραπονιέμαι	sich beschweren,	**Zu 15 C:**	
	beklagen		
δε βαριέσαι	mach dir nichts	στέλνω	schicken
	draus	θαυμάσιος	wunderbar
βαριέμαι	sich langweilen,	αγοράζω	kaufen
	überdrüssig sein,	αυτόματος	automatisch
	keine Lust haben	τα ρούχα	Kleider
διηγούμαι	erzählen	το πλυντήριο	Waschmaschine
η λεπτομέρεια	Einzelheit	η αστυνομία	Polizei
έστω	«seis drum»	κατεβάζω	herunterholen
	«aber lassen wir	βλάπτω	schaden, beschä-
	das»		digen
συστημένο	eingeschrieben	η πρόσκληση	Einladung
εξαρτάται	es hängt davon ab	το σινεμά	Kino
το κουτί	(Brief)kasten	κουρασμένος	müde
εκεί πέρα	dort drüben	κοιμάμαι	schlafen
το γραμματοκι-	Briefkasten	όρθιος	im Stehen,
βώτιο			aufrecht,
το εξωτερικό	Ausland		gerade
το ποστ ρεστάντ	postlagernd	όπως	wie
το διαβατήριο	Paß	χασμουριέμαι	gähnen

λυπάμαι	betrübt sein, bedauern	το φράγκο	Franken
το πτώμα	Leiche	το δολλάριο	Dollar
πειράζω	necken, aufziehen	τέλειος	komplett, vollkommen
φοβάμαι	sich fürchten	η εξυπηρέτηση	Bedienung
αντέχω	aushalten, ertragen	περιλαμβάνω	umfassen
η εξομολόγηση	Beichte, Geständnis	το κομπιουτεράκι	Taschenrechner
ξανθός, -ιά, -ό	blond	το καρπούζι	Wassermelone
η μαθήτρια	Schülerin	το αμάξι	Wagen, Auto
ρε συ!	Mensch!	γερός	kräftig, stark
φύγαμε	wir sind weg	το μπράτσο	Arm
τηλεφωνώ	telefonieren	κρατάω	halten
«ΟΤΕ»	Telegrafenamt	μεταφέρω	transportieren
το περίπτερο	Kiosk	η μασχάλη	Achsel
το κτήριο	Gebäude	βαστάω	halten, tragen, auch: dauern
το μπισκότο	Keks		
η κόλλα	Blatt Papier	η μετάφραση	Übersetzung
ο φάκελος	Briefumschlag, Akte, Dossier	η σκάλα	Treppe
		ξεκινάω	aufbrechen, abfahren, starten
το ταμείο	Kasse		
η τράπεζα	Bank (für Geld)		
τραπεζικός	Bank-	σηκώνω	auf-, hochheben
αλλάζω	wechseln	ο τηλεφωνικός κατάλογος	Telefonbuch
το μάρκο	DM		
το σελίνι	Schilling	η πάπια	Ente
η Αυστρία	Österreich	συνεχώς	fortwährend, ständig
ελβετικός	schweizerisch		

– Ναι μπαμπά, διαβάζω. Στη ναυμαχία της Σαλαμίνας είμαι...

16 A   Lektion 16

| Τρεις μύθοι |

1. Η γριά και ο γιατρός

Μια γριά, που της πονούσαν τα μάτια, κάλεσε ένα γιατρό με τη συμφωνία να τον πληρώσει στο τέλος.

Αυτός ερχόταν στο σπίτι της, κι όποτε της έβαζε αλοιφή και η γριά καθόταν με κλειστά μάτια, της έπαιρνε σιγά σιγά το νοικοκυριό της, το ένα μετά το άλλο, όλα τα πράγματα. Όταν της τα έκλεψε όλα —εντωμεταξύ την γιάτρεψε κιόλας— ζητούσε την αμοιβή, όπως ήταν η συμφωνία. Η γριά όμως δεν τον πλήρωνε, κι έτσι ο γιατρός την πήγε στο δικαστήριο.

«Υποσχέθηκα να τον πληρώσω», είπε η γριά, «αν μου γιάτρευε τα μάτια· αυτός όμως με τη θεραπεία του μου τα έκανε χειρότερα από πριν. Πριν, τα πράγματα του σπιτιού μου τα έβλεπα όλα· τώρα ούτε ένα δε μπορώ να δω».

2. Ο χαλκιάς και ο σκύλος

Ένας χαλκιάς είχε ένα σκύλο. Όταν αυτός δούλευε, ο σκύλος κοιμόταν· όταν έτρωγε, πήγαινε και στεκόταν κοντά του.

Μια μέρα του έριξε ένα κόκαλο και του είπε: «Κακομοίρη, υπναρά· όταν βαράω το αμόνι, κοιμάσαι, όταν βάλω σε κίνηση τα δόντια μου, στη στιγμή ξυπνάς».

3. Βρεμμένα είναι ή ξερά;

Μια φορά ήταν ένας τεμπέλης, από τους πιο μεγάλους τεμπέληδες του κόσμου. Ο αθεόφοβος φοβόταν τη δουλειά όσο δε φοβόταν το διάβολο. Αν του έδινες ψωμί, έτρωγε, αν δεν του έδινες, μπορούσε να ψοφήσει της πείνας. Μια μέρα δεν έβαλε ως το βράδι τίποτα στο στόμα του. Την άλλη μέρα, για να μην τον αναγκάσει η πείνα να δουλέψει, σκέφτηκε να κάνει τον πεθαμένο στα ψέματα. «Πιο καλά να με θάψουν», είπε μέσα του, «παρά να μου δώσουν δουλειά».

Τον είδαν οι γείτονες ξαπλωμένο στο στρώμα του και κοκαλωμένο, τον θεώρησαν νεκρό και φώναξαν τους παπάδες να τον πάρουν.

Στο δρόμο που πήγαινε το λείψανο του τεμπέλη, μια γυναίκα είδε τον πεθαμένο, τον λυπήθηκε και είπε από το παράθυρό της:

«Ο κακομοίρης, μάλλον από την πείνα πέθανε. Κρίμα που δεν το ήξερα χτες, να του στείλω μερικά παξιμάδια που έχω!»

Ο τεμπέλης από μέσα από το φέρετρο, όταν άκουσε τα λόγια της γυναίκας, που τον λυπήθηκε, άνοιξε τα μάτια του και ρώτησε:

— Βρεμμένα είναι ή ξερά;

— Ξερά, του λέει η γυναίκα.

— Ε, τότε ψάλλετε, παπάδες, ψάλλετε, λέει ο τεμπέλης και κλείνει τα μάτια του.

Ο κακομοίρης προτιμούσε να τον θάψουν ζωντανό παρά να κάνει τον κόπο να μουσκέψει τα παξιμάδια.

Παροιμίες

— Καιγόμαστε λέει ο ένας τεμπέλης στον άλλον.

— Δε βαρέθηκες που το είπες;

— Όποιος πνίγηκε μετανόησε.

— Καλύτερα γάιδαρος ζωντανός παρά γιατρός πεθαμένος.

16 B Die Passivendungen im Paratatikos und Aorist

1. Verben auf -ομαι (siehe 14 B)

Paratatikos	Aorist
σκεφτ-όμουν	σκέφτ-ηκα
σκεφτ-όσουν	σκέφτ-ηκες
σκεφτ-όταν	σκέφτ-ηκε
σκεφτ-όμασταν	σκεφτ-ήκαμε
σκεφτ-όσασταν	σκεφτ-ήκατε
σκέφτ-ονταν	σκέφτ-ηκαν

2. Verben auf -ιέμαι, -ούμαι, -άμαι (siehe 15 B)

Paratatikos	Aorist
αγαπι-όμουν usw.	αγαπήθ-ηκα usw.
3. Plur. αγαπιόνταν	
διηγ-όμουν usw.	διηγήθ-ηκα usw.
3. Plur. διηγόνταν	
φοβ-όμουν usw.	φοβήθ-ηκα usw.
3. Plur. φοβόνταν	

Die Verbendungen des Aorist Passiv sind schon aus dem aktiven Aorist wie z.B. ανέβ-ηκα bekannt:

-ηκ-α	-αμε
-ες	-ατε
-ε	-αν

Von den im folgenden genannten Verben beziehen sich die angegebenen deutschen Bedeutungen auf die Reflexiv-Passiv-Form. Die dazugehörige aktive Form (wenn es eine solche Form gibt) ist ohne deutsche Bedeutung mitgegeben.

A. Die regelmäßige Aoristbildung im Reflexiv Passiv

1. Verben, deren Präsensstamm auf -ζ- endet: Aorist auf -στηκα.

χρειάζομαι		χρειάστηκα	brauchen
χτενίζομαι	(χτενίζω)	χτενίστηκα	sich kämmen
Dazu gehören auch:			
ακούγομαι	(ακούω)	ακούστηκα	gehört werden
αποκλείομαι	(αποκλείω)	αποκλείστηκα	ausgeschlossen werden

2. Verben, deren Präsensstamm auf -ν- endet: Aorist auf -θηκα.

γδύνομαι	(γδύνω)	γδύθηκα	sich ausziehen
ντύνομαι	(ντύνω)	ντύθηκα	sich anziehen
σηκώνομαι	(σηκώνω)	σηκώθηκα	aufstehen, sich erheben

3. Verben, deren Präsensstamm auf -π-, -β-, -φ-, (-αυ-, -ευ-), -φτ- endet (Labiale): Aorist auf -φτηκα bzw. -υτηκα.

σκέφτομαι		σκέφτηκα	denken
γράφομαι	(γράφω)	γράφτηκα	geschrieben werden
κρύβομαι	(κρύβω)	κρύφτηκα	sich verbergen, sich verstecken
παντρεύομαι	(παντρεύω)	παντρεύτηκα	heiraten, sich verheiraten

4. Verben, deren Präsensstamm auf -κ-, -γ-, -χ- oder -γν- endet (Gutturale): Aorist auf -χτηκα.

μπλέκομαι	(μπλέκω)	μπλέχτηκα	in Schwierigkeiten geraten
σφίγγομαι	(σφίγγω)	σφίχτηκα	gedrückt werden, gepreßt werden

Dazu gehören auch einige Verben auf -ζ- und -σσ-, deren Aoriststamm im Aktiv auf -ξ- endet:

| παίζεται | (παίζω) | παίχτηκε | gespielt werden |
| στηρίζομαι | (στηρίζω) | στηρίχτηκα | sich stützen |

5. Verben, die im Präsens auf -ιέμαι bzw. -ούμαι, -άμαι enden: Aorist auf -ήθηκα, und seltener auf -έθηκα.

αγαπιέμαι	(αγαπάω)	αγαπήθηκα	geliebt werden
αναρωτιέμαι		αναρωτήθηκα	sich fragen
αρνιέμαι		αρνήθηκα	sich weigern, ablehnen
θυμάμαι		θυμήθηκα	sich erinnern
κοιμούμαι	(κοιμίζω)	κοιμήθηκα	schlafen
λυπούμαι		λυπήθηκα	bedauern
φοβάμαι	(φοβίζω)	φοβήθηκα	sich fürchten
Aber:			
βαριέμαι		βαρέθηκα	sich langweilen, überdrüssig sein
παραπονιέμαι		παραπονέθηκα	sich beschweren
στενοχωριέμαι	(στενοχωρώ)	στενοχωρέθηκα	deprimiert sein, traurig sein.

B. Unregelmäßige Aoristbildung im Reflexiv-Passiv

βλέπομαι	(βλέπω)	ειδώθηκα	sich sehen, treffen
βρίσκομαι	(βρίσκω)	βρέθηκα	sich befinden
γίνομαι		έγινα	werden, geschehen
διαμαρτύρομαι		διαμαρτυρήθηκα	protestieren
δίνομαι	(δίνω)	δόθηκα	gegeben werden
ενδιαφέρομαι		ενδιαφέρθηκα	sich interessieren
έρχομαι		ήρθα	kommen
		(Stamm: ερθ- und ρθ-)	
εύχομαι		ευχήθηκα	wünschen
ζεσταίνομαι	(ζεσταίνω)	ζεστάθηκα	warm werden
κάθομαι		κάθισα, έκατσα	sitzen, sich setzen
καίγομαι	(καίω)	κάηκα	brennen, sich verbrennen

κόβομαι	(κόβω)	κόπηκα	sich schneiden, verletzen
ντρέπομαι		ντράπηκα	sich schämen
ξεχνιέμαι	(ξεχνάω)	ξεχάστηκα	sich vergessen
πετάγομαι	(πετάω)	πετάχτηκα	(hinaus)geworfen werden
πλένομαι	(πλένω)	πλύθηκα	sich waschen
πνίγομαι	(πνίγω)	πνίγηκα	ersticken, ertrinken
σιχαίνομαι		σιχάθηκα	sich ekeln
στέκομαι	(στέκω)	στάθηκα	stehen, sich stellen
τρώγομαι	(τρώω)	φαγώθηκα	gegessen werden
υπόσχομαι		υποσχέθηκα	versprechen
φαίνομαι		φάνηκα	scheinen, erscheinen
χαίρομαι		χάρηκα	sich freuen

γίνομαι, έρχομαι und κάθομαι haben also für den Aorist Aktivformen.

Γεια σας, γεια σας. Χαρήκαμε πολύ που σας ... είδαμε.

Πέτρο, δε μου υποσχέθηκες ότι θα κόψεις το κάπνισμα;

16 C Ασκήσεις

1

— Ποια ήταν η αρρώστια της γριάς;
— Έπρεπε να πληρώνει το γιατρό κάθε φορά, που εκείνος ερχόταν;
— Πώς γιάτρεψε ο γιατρός τη γριά;
— Γιατί η γριά δεν έβλεπε, όταν της έπαιρνε ο γιατρός όλα τα πράματα;
— Γιατί πήγε ο γιατρός τη γρια στο δικαστήριο κι όχι η γριά το γιατρό;
— Τι εννοούσε η γριά λέγοντας: Ο γιατρός μου έκανε τα μάτια χειρότερα από πριν;
....
— Γιατί κοιμόταν ο σκύλος, όταν ο χαλκιάς βαρούσε το αμόνι και γιατί ξυπνούσε, όταν έβαζε σε κίνηση τα δόντια του;
....
— Πότε έτρωγε ο τεμπέλης και πότε δεν έτρωγε;
— Γιατί προτίμησε να κάνει τον πεθαμένο;
— Γιατί οι γείτονες φώναξαν τους παπάδες να τον πάρουν;
— Από πού τον είδε η γυναίκα τον τεμπέλη;
— Τι είπε τότε η γυναίκα;
— Γιατί ο τεμπέλης δεν ήθελε να φάει από τα ξερά παξιμάδια;
— Κλείνοντας τα μάτια ο τεμπέλης τι είπε;

2 | Stellen Sie den Sachverhalt richtig: |

Ο γιατρός συμφώνησε με τη γριά να τον πληρώνει κάθε φορά που ερχόταν στο σπίτι της.
Ο γιατρός δεν έκλεψε τίποτα από το σπίτι της γριάς.
Η γριά πλήρωσε το γιατρό αμέσως μόλις τη γιάτρεψε.
Στο δικαστήριο η γριά είπε πως είναι πολύ καλά τα μάτια της, αφού βλέπει όλα τα πράματα του σπιτιού της.
....
Το σκυλί του χαλκιά κοιμόταν, όταν εκείνος έτρωγε και στεκόταν κοντά του, όταν εκείνος βαρούσε το αμόνι.
....
Ο τεμπέλης αποφάσισε να δουλέψει, γιατί φοβήθηκε πως θα πεθάνει της πείνας.

Οι γείτονες του τεμπέλη τον θεώρησαν άρρωστο και γιαυτό φώναξαν το γιατρό.
Το φέρετρο που έβαλαν μέσα τον τεμπέλη ήταν κλειστό.
Του άρεσαν τα ξερά παξιμάδια.
Ο τεμπέλης είπε στους παπάδες, είμαι καλά, θέλω να φάω τα παξιμάδια.

3 a) Wandeln Sie die Geschichte 1 in einen Dialog zwischen Arzt und alter Frau um.
b) Wandeln Sie die Geschichte 1 in einen Dialog zwischen dem Arzt und der alten Frau vor Gericht um.

4 Μπορείτε να περιγράψετε έναν τεμπέλη;

5 Ersetzen Sie in Geschichte 1 die alte Frau durch einen alten Mann und den Arzt durch eine Ärztin (η γιατρίνα).

6 Geben Sie Geschichte 3 einen neuen Schluß, weil:
η γυναίκα από το παράθυρό της προτείνει βρεμμένα αντί ξερά παξιμάδια στον τεμπέλη.

7 Η Μαρία ... γρήγορα (ντύνομαι).
Η Μαρία ντύθηκε γρήγορα.

Ο τεμπέλης ...: ψάλλετε, παπάδες, ψάλλετε (αποκρίνομαι).
Ο Θανάσης ... πως δε θα καπνίζει πια τόσο πολύ, και αμέσως ... καλύτερα (υπόσχομαι, γίνομαι).
Η γυναίκα ... τον τεμπέλη και ήθελε να του δώσει μερικά παξιμάδια, αλλά εκείνος ... να τα πάρει και να τα φάει (λυπάμαι, βαριέμαι).
Ο Λέανδρος δε ... να πει την αλήθεια (ντρέπομαι).
Οι γυναίκες ..., γιατί όλες οι καινούριες θέσεις ... στους άντρες (διαμαρτύρομαι, δίνομαι).
Όλοι ... που ... ξανά (χαίρομαι, βλέπομαι).
Όταν η Φωτεινή ... στο παλιό της σπίτι, ... πρώτα στην κουζίνα και ... τι γλέντια ξεκίνησαν από αυτή την κουζίνα (έρχομαι, κάθομαι, θυμάμαι).

8 | Όταν ο χαλκιάς δούλευε, το σκυλί... (κοιμάμαι).
Όταν ο χαλκιάς δούλευε, το σκυλί κοιμόταν.

Όποτε ο γιατρός έβαζε αλοιφή στα μάτια της γριάς, εκείνη ... με κλειστά μάτια (κάθομαι).
Ο γιατρός ... συχνά στο σπίτι της γριάς (έρχομαι).
Η γιαγιά ... καμιά φορά και τότε ... ο παππούς τα ωραία παραμύθια (κουράζομαι, διηγούμαι).
Κάθε φορά που έμπαινα στο δωμάτιο, εκείνος ... και περπατώντας μου ... τις ωραιότερες ιστορίες (σηκώνομαι, διηγούμαι).
Όλοι οι τεμπέληδες φοβούνται τη δουλειά, αλλά αυτός ... και τον κόπο να μουσκέψει τα παξιμάδια (φοβάμαι).
... συχνά, αν έπρεπε να του το πω, αλλά δεν το έκανα ποτέ (σκέφτομαι).
Όταν ... η Μαρία, δεν ... να την ενοχλείς (κοιμάμαι, επιτρέπεται).

9 | Erzählen Sie Geschichte 1 einem Kind. Dieses kommt nicht immer gleich mit und fragt fortwährend «γιατί».
Sie antworten geduldig auf alle seine Fragen.

10 | Übersetzung - μετάφραση

Στο τελωνείο

Μπαίνοντας

Τελώνης: Έχετε να δηλώσετε τίποτα;
Χάιντς: Τι να δηλώσω;
Τ.: Να, καμιά τηλεόραση, κανένα ψυγείο, κανένα πλυντήριο...
Χ.: Τουρίστας είμαι, έρχομαι με την οδοντόβουρτσα μόνο!
Τ.: Και δε μιλάτε τόση ώρα; Και τα ελληνικά από πού τα έχετε;
Χ.: Τα έχω στο κεφάλι μου. Δε φορολογούνται!

Βγαίνοντας

Τελώνης: Έχετε να δηλώσετε τίποτα;
Χάιντς: Τι να δηλώσω;
Τ.: Τίποτα εικόνες, κάτι αγγεία, τίποτε πέτρες, αρχαία δηλαδή.
Χ.: Μπα! Μόνο καινούρια αγόρασα. Να, υφαντά, τον Ιπποκράτη

σε γύψο, τον Πλάτωνα σε γύψο, ένα αγγείο με τον Αχιλλέα, μια γκλίτσα, δεκαπέντε κομπολόγια για τους φίλους μου, ρετσίνα, ένα μπρούσικο μαύρο κρασί και ούζο.

T.: Μπράβο, μπράβο, ωραία ψώνισες. Πόσα μπουκάλια ούζο πήρατε;

X.: 8.

T.: Τίποτε άλλο;

X.: Ναι· ένα χαλί 2 επί 5, βελέντζα δε τη λένε;

T.: Μάλιστα, βελέντζα τη λένε. Εντάξει είστε, έτοιμος. (στο αφτί του συναδέρφου: θα βρει το μπελά του στα δικά του σύνορα με τα ούζα). Πράγματι τίποτε άλλο;

X.: Και εντυπώσεις...

T.: Δεν ελέγχονται.

11 | Übersetzung |

Odysseus (Ο Οδυσσέας) und Penelope (η Πηνελόπη) wachten früh auf, standen sofort auf, gingen ins Bad, wuschen sich —Penelope duschte sich (κάνω ντους) und wusch sich die Haare— trockneten sich ab, kämmten sich —Odysseus rasierte sich— und sie waren fertig zum Frühstück. Telemach (ο Τηλέμαχος) machte Kaffee und holte Kuluria und Zwieback vom Bäcker. Schlagsahne (κρέμα) gab es damals noch nicht. An diesem Tag gab es auch kein frisches Brot. Odysseus las seine Zeitung, Penelope strickte (πλέκω) ihm eine Skimütze (ο σκούφος για σκι). Als alles fertig war (mit ετοιμάζω vorbereiten, Passiv), rief sie Telemach und alle setzten sich an den Tisch. Sie saßen dort und saßen und sitzen wahrscheinlich immer noch dort.

12 | Setzen Sie Übungsstück 14 C 8 in die Vergangenheit. |

o Επιπόλαιος

Κορίτσι μου γιατί μελαγχολείς;
Πως σ' αγαπώ στο δίνω και γραμμένο
σου έτυχε στο ζάρι της ζωής
καλό παιδί μα κακομαθημένο.

Επιπόλαιο με λες
που μιλάω με πολλές
και μεθάω
και συχνά ξενοκοιμάμαι,
δεν αλλάζω εγώ μυαλά
σ' αγαπάω μεν, αλλά
έτσι ήμουν, έτσι είμαι κι έτσι θά 'μαι.

Εγώ 'μαι σαν το κύμα του γιαλού
που μέρα νύχτα έρχομαι και πάω,
δε δίνω τη καρδιά μου όμως αλλού
παρά σε σένανε που αγαπάω.

μουσική: Γ. Κατσαρός
στίχοι: Πυθαγόρας

Πώς σε λένε ;

Der Windhund

Mein Mädchen, warum bist du traurig?
Daß ich dich liebe, gebe ich dir auch schriftlich.
Beim Würfelspiel des Lebens fiel auf dich
ein ganzer Kerl, aber verwöhnt ist er.

Du nennst mich flatterhaft
weil ich mit vielen (Mädchen) spreche,
und mich betrinke
und oft außer Haus schlafe.
Ich ändere mich nicht,
ich liebe dich zwar, aber
so war ich, so bin ich und so werde ich sein.

Ich bin wie die Welle am Strand
so wie ich Tag und Nacht komme und gehe
ich schenke mein Herz aber keiner anderen
außer dir, die ich liebe.

16 D Καινούριες λέξεις

καλώ	rufen, einladen	ψάλλω	singen (in der
η συμφωνία	Abmachung		Kirche)
όποτε	jedesmal wenn	προτιμάω	vorziehen
η αλοιφή	Salbe	παρά	als, außer
κλειστός	geschlossen	ο κόπος	Mühe
το νοικοκυριό	Haushalt	μουσκεύω	einweichen
κλέβω	stehlen	πνίγομαι	ertrinken,
γιατρεύω	heilen		ersticken
η αμοιβή	Lohn	μετανοώ	bereuen
το δικαστήριο	Gericht	καίγομαι	brennen, sich
υπόσχομαι	versprechen		verbrennen
η θεραπεία	Heilung	ζωντανός	lebend
ο χαλκιάς	Schmied		
το κόκαλο	Knochen		
ο κακομοίρης	«Armer»	**zu 16 C**	
ο υπναράς	«Schlafmütze»	περιγράφω	beschreiben
βαράω	schlagen	αποκρίνομαι	antworten
το αμόνι	Amboß	κουράζομαι	sich anstrengen
η κίνηση	Bewegung	το γλέντι	Fest
στη στιγμή	im Moment	κάνω ντους	sich duschen
βρεμμένος	angefeuchtet	πλέκω	stricken
ξερός	trocken	ο σκούφος	Mütze
ο αθεόφοβος	Gottloser	δηλώνω	anmelden
ο διάβολος	Teufel	το ψυγείο	Kühlschrank
ψοφάω	krepieren	η οδοντόβουρτσα	Zahnbürste
η πείνα	Hunger	φορολογώ	verzollen
αναγκάζω	nötigen, zwingen	το αγγείο	Vase
ο πεθαμένος	Toter	το μαντό	gewebter Stoff
θάβω	graben	ο γύψος	Gips
ο γείτονας	Nachbar	η γκλίτσα	Hirtenstab
ξαπλωμένος	ausgebreitet,	μπρούσικος	herb
	liegend	το μπουκάλι	Flasche
το στρώμα	Bett, Matratze	το χαλί	Teppich
κοκαλωμένος	steif	η βελέντζα	Hirtenteppich
θεωρώ	halten für	ο συνάδερφος	Kollege
νεκρός	tot	ο μπελάς	Ärger, Ärgernis
το λείψανο	Leiche	τα σύνορα	Grenzen
το φέρετρο	Sarg	η εντύπωση	Eindruck
		ελέγχω	kontrollieren

17 A Lektion 17

> ... και νηστικοί θα κοιμηθούμε.

Τάσος: Απόψε θα παιχτεί η Αντιγόνη στο Εθνικό Θέατρο. Πάμε; Θα ρθεις;

Αντώνης: Θα παίξει η κουμπάρα, η Αντιγόνη;

Τάσος: Η Αντιγόνη θα παιχτεί, του Σοφοκλή, ποιος μίλησε για την κουμπάρα! 'Εχεις όρεξη;

Αντώνης: Δυστυχώς δε γίνεται, Τάσο. Υποσχέθηκα στη Φωφώ να πάμε σινεμά. Και θα στενοχωρεθεί, αν πάω στο θέατρο.

Τάσος: Ας έρθει κι εκείνη· νομίζω μάλιστα πως θα ευχαριστηθεί πολύ να δει μια φορά ένα έργο της προκοπής.

Αντώνης: Μα πώς θα βρούμε εισιτήρια για τόσα άτομα; Θα μαζευτεί πολύς κόσμος στο ταμείο, θα πνιγούμε εκεί μέσα, θα σφιχτούμε στην ουρά και στο τέλος δε θα βρούμε τίποτα.

Τάσος: Μήπως θα χαθούμε κιόλας; Υπερβάλλεις, ρε Αντώνη. Πρώτη φορά θα πάμε θέατρο; Πνιγήκαμε ποτέ; Θα πάρουμε τηλέφωνο από το περίπτερο το ταμείο του θεάτρου και θα μας πουν τα σχετικά.

Αντώνης: Και πού είναι ο αριθμός τηλεφώνου;

Τάσος: Να εδώ, στην εφημερίδα. Παίρνω λοιπόν. Ταμείο του Εθνικού εκεί; Για την Αντιγόνη απόψε, έχετε ακόμα τρεις θέσεις; Πώς; Πουλήθηκαν όλες πριν από μια βδομάδα; Αχ κρίμα! Ευχαριστώ πολύ.

Αντώνης: Δε σου είπα; Πάμε λοιπόν σινεμά!

Τάσος: Και τι παίζει; Δεν πιστεύω να θέλεις κανένα απ᾽ αυτά, όπου γδύνονται συνέχεια;

Αντώνης: Κι εσένα σ᾽ ενδιαφέρει να ντύνονται; Όχι, θέλω να δω μια χαζή ελληνική κωμωδία.

Τάσος: Αν τη βρίσκεις χαζή, τότε γιατί θα πας;

Αντώνης: Μου αρέσουν τα χαζά έργα. Στο σινεμά θέλω να δω κάτι να .γελάσω, να ξεχάσω τη δουλειά και τις φωνές της γυναίκας μου.

Τάσος: Αφού λες ότι θα πας με τη γυναίκα σου, τη Φωφώ, πώς θα ξεχάσεις εκεί τις φωνές της;

Αντώνης: Μα δεν ξέρεις πως εκεί φωνάζουν άλλοι;

Τάσος: Δηλαδή ποιοι;

Αντώνης: Οι ηθοποιοί φυσικά! Και μάλιστα στα ελληνικά έργα.

Τάσος: Τότε γιατί δεν πας σε κανένα αμερικάνικο καουμπόικο με πιστόλια;

Αντώνης: Θα διαμαρτυρηθεί η Φωφώ. Δεν της αρέσουν.

Τάσος: Εγώ επιμένω για θέατρο. Τι λες; έστω και σε μια επιθεώρηση;

Αντώνης: Άπα πα πα πα! Επιθεώρηση αποκλείεται. Χτες ήμουν στου Τάκη. Αυτός κάνει για πέντε επιθεωρήσεις μαζί.

Τάσος: Δε μου λες, ρε Αντώνη, τι μέρα έχουμε σήμερα;

Αντώνης: Τετάρτη. Γιατί ρωτάς;

Τάσος: Μα σήμερα παίζουν ο Παναθηναϊκός με τη Μάντσεστερ. Πώς δεν το θυμηθήκαμε τόση ώρα.

Αντώνης: Εγώ θέλω σινεμά, και σου είπα πως το υποσχέθηκα και στη γυναίκα μου.

Τάσος: Κι εγώ σου λέω πως στο ματς θα δούμε και ηθοποιούς καλούς και γεγονότα όπως στα γουέστερν. Και δροσιά έχει! Άντε, φύγαμε.

Αντώνης: Και η Φωφώ που θα σιχαθεί, αν της πω για ποδόσφαιρο; Προτείνω για τελευταίο συμβιβασμό να πάμε στον Καραγκιόζη...

Τάσος: ... και μάλιστα στο «Μεγαλέξαντρο και το καταραμένο φίδι».

Αντώνης: Εκεί θα τα βρούμε όλα: αρχαία τραγωδία και νεοελληνική κωμωδία· φωνές και γέλια· κλάματα της βεζιροπούλας και τις εξυπνάδες του Καραγκιόζη.

Τάσος: Μα τότε πρέπει να τσιμπήσουμε πρώτα κάτι, γιατί στον Καραγκιόζη θα γίνεται πολλή κουβέντα για σάλτσες στα μακαρόνια και ... πατσαβούρες αυγολέμονο.

Αντώνης: Για να μην πούμε όπως ο Καραγκιόζης: Θα φάμε, θα πιούμε και νηστικοί θα κοιμηθούμε...

Σοφία του λαού-παροιμία

— Φοβάμαι, κουμπάρα, πως θα γίνει φονικό.
Θα απλώσω απάνω σου, θα φωνάξεις εσύ,
θα ρθει ο άντρας σου και θα πιαστούμε.

— Χριστιανέ μου, κουτή είμαι να φωνάξω;

Θέατρα

ΕΘΝΙΚΗ ΛΥΡΙΚΗ ΣΚΗΝΗ (Ακαδημίας 59 τηλ. 3612 461). «Βραδιά Μπαλλέτου», 8.30 μ.μ.

ΕΘΝΙΚΟ ΘΕΑΤΡΟ (Αγ. Κωνσταντίνου 20, τηλ. 5223 242). Κεντρική Σκηνή, Παντελή Χόρν: «Φλαντρώ». Νέα Σκηνή Πανιελή Πρεδελάκη: «Τό χέρι τού σκοτωμένου», «Τό τρελλό αίμα».

ΚΡΑΤΙΚΟ ΘΕΑΤΡΟ ΒΟΡΕΙΟΥ ΕΛΛΑΔΟΣ (τηλ. 223.785). Ζάν Ζενέ: «Οι Δούλες». Παιδική Σκηνή. Αργεί.

Πρόζα

ΑΘΗΝΑ (Πατησίων καί Δεριγνύ 10, τηλ. 8137 330 Κώστας Καρράς), Μπαριγιέ καί Γκρεντύ: «Έλα ν' αγαπηθούμε» Παιδική Σκηνή Σέργια Καλογεροπούλου. Φ. Λουντέγκι: «Ο Μιχάλης ο σφυριχτάρος». Κάθε Κυριακή 11 π.μ. καί 3 μ.μ. καί Τρίτη 5 μ.μ.

ΑΘΗΝΑΙΟΝ (Ακαδημίας 3, τηλέφωνο 3636 144. Ελεύθεροι Καλλιτέχνες) Βασίλη Ρώτα «Πιάνος. «Καραγκιόζικα».

ΑΘΗΝΩΝ (Βουκουρεστίου 10, τηλ. 3235 524) Μυράτ · Ζουμπουλάκη) «Άλμπα ντέ :σέσπεντες: «Απαγορεύμένο τετράδιο»

ΑΚΑΔΗΜΟΣ (Ιπποκράτους 17 - 19, τηλέφ. 3625 119 Αντωνόπουλος - Τσιδιλίκας · Ατζολετάκη) Τζίν Κέρ: «Τό παιχνίδι τού έρωτος», κωμωδία. Παιδικη Θεατρική Πρωτοπορία. «Η Μαρουλιό καί ο νάνος», τής Μαρίας Μποιίνου (Κυριακή 11 π.μ.). «Ο ραφτάκος καί η μαγική πελόνα», τής Μαρίας Γουμενοπούλου (Κυριακή 3 μ.μ.).

ΑΚΡΟΠΟΛ (Ιπποκράτους 9 τηλέφ. 3614 481. Αλεξανδράκης - Γαληνέα - Φωτόπουλος - Ηλιόπουλος). Πίπερ Στάου: «Μπσίκοί τό προτιμούν καυτο» νιούζικαλ

ΑΛΙΚΗ (Αμερικης 4, τηλ 3244 146. Αλίκη Βουγιουκλάκη) «Καυπαρέ». Παιδική Σκηνή Μέλπως Ζαρόκωστα: «Ο ήλιος μου ο πίθηκος». Κάθε Σάββατο 3 μ.μ. καί Κυριακή 11 π.μ. καί 3 μ.μ.

ΑΛΑΜΠΡΑ (Στουργάρα 53 τηλέφ. 5227 497 Βασίλακου · Μυλωνάς · Καλογεροπούλου Διαμαντόπουλος - Καραντσόνης) «Η δωδεκάτη νύχτα τού κ. Σαίξπηρ.

ΑΛΦΑ (Πατησίων 37 καί Στουργάρα τηλ. 5238 742 Λπναίος - Φωτίου) Ζάν Ανούιγ: «Ο Κουδαλλός». Κάθε Τρίτη βραδυ καί Τετάρτη λαική σπογευματινή τό έργο τού Ντάριο Φό «Ένα τυγαίο στύγημα».

ΑΜΙΡΑΛ (Αμερικής 10, τηλέφωνο 3639 385 Πειραματικό Θέατρο). Μαρ. Ριάλδη: «Καφέ Σαντάν».

ΑΝΑΛΥΤΗ (Πατησίων 72 καί Αντωνιάδου, τηλ 8239.739 Θάλεια Καλλιγά). Γιέ. Ρίτσου: «Εμήνη»

ΑΝΝΑ · ΜΑΡΙΑ ΚΑΛΟΥΤΑ (Πατησίων 240 τηλ 4675 588) Ράις καί ουενικε: «Ιησούς Χριστός Υπέρλαμπρο Άστρο»

ΑΥΛΑΙΑ 'Ιας Μπαγγίας καί Κουντουριώτου Ν Άπέργης) Ν. Φώσκολου: «Μάρτυς κατηγορίας».

ΒΕΑΚΗ (Λαική Σκηνή Θεάτρου Τέχνης, Στουρνάρα 32. τηλέφωνο 5223 522). Σκουρτη - Μουρσελά - Σιμιτζή - Ευθυμιάδη: «Που πάει τό λεωφορείο», σάτιρα

ΒΕΡΓΗ (Βουκουρεστίου 1, τηλέφωνο 3235 235. Βεργη · Φράγκος). Μπέν Τράδερς: «Τό κρεβάτι», κωμωδία.

ΒΡΕΤΑΝΙΑ (Πανεπιστημίου 7, τηλ. 3221.579. Θ Βέγγος) Σακελλάριου - Γιαννακόπουλου «Τί εκανες στον ίρωμικό Πόλεμο Θανάσης, κωμωδία.

ΓΚΛΟΡΙΑ (Ιπποκράτους 7, τη> 3609 400. Θίασος Κ. Βουτσά). Κ. Πρετεντέρη: «Ο κουνενές», κωμωδία. Κάθε Κυριακή 11 π.μ «Ο ημερωμένος λύκος καί η Κοκκινοσκουφίτσα», τού Γ Δρόση

ΔΗΜΟΤΙΚΟ ΘΕΑΤΡΟ ΚΕΡΑΤΣΙΝΙΟΥ (Παπαναστασίου καί 'Αρτας). Ελεύθερη Σκηνή. Δ. Τζελά: «Η γειτονιά τών ονείρων».

ΔΗΜΟΤΙΚΟ ΘΕΑΤΡΟ ΠΕΙΡΑΙΩΣ Β. Κωνσταντίνου, τηλ. 4178 351. Γ. Κωνσταντίνου — Τέτη Σγοινάκη). Γ. Κωνσταντίνου: «Μια παρθένα γιά πέντε», κωμωδία.

ΔΗΜΟΤΙΚΟ ΣΙΝΕΑΚ ΠΕΙΡΑΙΩΣ (Καραίσκου 102 τηλ. 4115 354. Γ. Φούντας) Ντ Ρίντελς: «Ο δικηγόρος μας»

ΔΙΑΝΑ (Ιπποκράτους 7, τηλέφωνο 3626.956. Ρίζος Κοντού - Αδριανός). Γ. Λαζαρίδη: «Οδός ευκαιρίας».

ΔΙΟΝΥΣΙΑ (Αμφρικής 10, τηλέφωνο 3624.020. Σ Μουστάκας). Σωτ. Πατατζή: «Ο καλός στρατιώτης Σδέικ»

ΕΝΤΟΠΙΑ (τέρμα Δημοκρίτου, τηλ. 3627 827 καί 3633 219 Ασηπτικό Θέατρο). Σαίξπηρ: «Οι δύο κύριοι απ' τή Βερόνα» (Τετάρτη καί Κυριακή). Πέντε μονόπρακτα τών Τσέχωφ, Πιραντέλλο καί Ουίλλιαμς (Πέμπτη, Παρασκευή, Σάββατο).

ΘΕΑΤΡΙΚΟ ΕΡΓΑΣΤΗΡΙ (Αριστοτέλους καί Ιουλιανού, τηλέφωνο 8229.030). Γιάν Πάτρικ: «Αυτόνομη καρδιά» Σύγχρονο Παιδικό Θέατρο. «Τό μπλε λιανάκι», τής Ζωής Σαρρή. Κάθε Τετάρτη Σάββατο καί Κυριακή 5 μ.μ.

ΘΕΑΤΡΟ ΑΝΟΙΞΗΣ («Φιλοπρόοδος 'Ομιλος Χμπττου» — πλατεία Υμηττού, τηλ. 7660.181). Ζάν Ζενέ: «Οι Δούλες» Πέμπτη, Παρασκευή, Σάββατο, Κυριακή.

ΘΕΑΤΡΟ ΕΡΕΥΝΑΣ (Ιλισίων καί Κερασούντος, τηλ 7780.826. Δ. Ποταμίτης · Μαρία Αλκαίου). Γ. Μανιώτη: «Κοινή λογική». Παιδικη Σκηνή: Γ Ξανθούλη: «Ο Μαγνγμ τά κρύσταλλα». Σάββατο 5 μ.μ.. Κυριακή 11 π.μ καί 3 μ.μ.

ΘΕΑΤΡΟ ΤΟΥ ΠΕΙΡΑΙΑ (Αλκιβιάδου 104.6, τηλ 4128.594). Φούγκαρο, Κάνι, Ντσάνα: «Τό νησί».

ΘΕΑΤΡΟ ΡΕ (Κεφαλληνίας 18, τηλ. 8838.727). κωμωδία. Ι. Ιωβιάνου, κάθε Σάββατο καί Κυριακή.

ΘΕΑΤΡΟ ΤΕΧΝΗΣ (Σταδίου 44, τηλ. 3228.736 Ιάκ. Καμπανέλλη). «Τά τέσσερα πόδια τού τραπεζιού».

ΚΑΒΑ (Σταδίου 50 τηλ. 3210.237. Θίασος «Αλγνιος» Μ Κορρέ: «Οικ» σεν Ευγηρίας: Η ευτυχισμένη δίσση. Παιδικη Σκηνή Στ Χονδρογιάννη: «Ο Λούμπης ο Ρουμπής», Τετάρτη καί Σάββατο στίς 4 μ.μ. Κυριακή 11 π.μ καί 3 μ.μ.

ΚΑΛΛΙΤΕΧΝΙΚΗ ΕΤΑΙΡΙΑ ΑΘΗΝΩΝ (Κέκροπος 1 τηλ 3229 889) Ν Ζακόπουλου: «Η δίκη»

ΘΕΑΤΡΟ ΚΑΠΠΑ (Κυψέλης 2, τηλ. 8831 068 Κουρκούλος - Δανδουλάκη - Δάκης - Νέζεο - Λαμπροπούλου - Βαλάση) 7 Ανούιγ: «Πρόσκληση στόν Πύργο»

ΚΥΒΟΣ (Β. Κωνσταντίνου 12, τηλ. 4125 633. Πειρα·ας). Αλεξέι Αρμπούζωφ: «Μακρινός δρόμος».

ΜΙΝΩΑ (Πατησίων 91, τηλέφωνο 8210 948 Γ Γκιωνάκης). Ν Τσιφόρου - Π. Βασιλειάδη: «Μέ τον παρά μου καί την κυρά μου. Τό Θίατρο τού Παιδιού «Η Κοκκινοσκουφίτσα», κάθε Κυριακή 11 π.μ. καί 3 μ μ καί Τιτάρτη 5 μ μ

ΜΟΥΣΟΥΡΗ (πλατ Καρύτση, τηλ. 3227 248. Δημ Χόρν — Θίασος Τζένης Ρουσέα) Λουιτζι Πιραντέλλο: «Ερρίκος ο Δ'»

ΜΠΡΟΝΤΓΟΥΑΠΗ (Πατησίων καί Αγίου Μελετίου τηλ 8620 231. Ελληνικό Λαικό Θέατρο. Μ Κατράκης). Μαξίμ Γκόρκι: «Οι τελευταίοι»

ΟΡΘΟ (Βουκουρεστίου 1, τηλέφωνο 3231 259 Άννα Φόνσου). Ζάκ Γκωπρέι: «Εξίταν»

ΠΟΡΕΙΑ (Γ' Σεπτεμβρίου καί Τρικόρφων. τηλ 8219 982 Λαικό Πειραματικό Θέατρο) Γρηγ. Ξενόπουλου: «Ποπολάρος»

ΡΙΑΛΤΟ (Κυψέλης καί Αγίου Μελετίου, τηλ. 8237 003 Αμφι - Θέατρο Σπ. Ευαγγελάτου). Μολιέρου «Ταρτούφος» Κάθε Δευτέρα καί Τρίτη «Οι Χωριάτες» τού Ρουμπή καί Βασιλειάδη. Παιδική Σκηνή. «Η αλληλογραφία τής Κλασικού Μπαλλέτου», κάθε Κυριακή 11 30 π.μ. καί κάθε Κυριακή.

ΣΟΥΠΕΡ ΣΤΑΡ (Αγ. Μελετίου καί Πατησίων, τηλ 8640 774 Λαμπέτη - Παπαμιχαήλ). Εντουάρντο ντέ Φίλιππο: «Οι κλέφτες Μαρτου ράνω»

ΣΤΟΑ (Μπιακίνη 55 Ζωγράφου, τηλ 7770 145) Μ Ποντίκα: «Θεατές», Η Ντενεκέδουπολη τού Κάντσας Φανιννου παρουσιάζει «Τό μεγάλο ταξίδι τού Μελένιου», κάθε Σάββατο στίς 4 μ μ καί Κυριακή 11 π.μ. καί 4 μ.μ.

ΧΑΤΖΗΧΡΗΣΤΟΥ (Πανεπιστημίου 38, τηλ. 3627.248. Ερήμου - Βασταρδής - Καλογήρου) Α. Παπά - Βασ. Ιμπρογιώρ «Τρείς άντρες στό κρεβάτι μου»

17 B Die Konjunktiv- und Futurformen im Passiv

Präsensstamm	(Verbendungen mit Indikativ identisch)

Konjunktiv	μου αρέσει να σκέφτομαι σου αρέσει να στενοχωριέσαι του αρέσει να διηγείται μας αρέσει να κοιμόμαστε σας αρέσει να πλένεστε τους αρέσει να δροσίζονται
Futur	από σήμερα θα σηκώνομαι νωρίς με τόσο κρασί θα χασμουριέσαι συνεχώς θα διηγείται πολλές φορές την ίδια ιστορία θα θυμόμαστε πάντα αυτή την ωραία βραδιά usw.

Aoriststamm	(Endungen -ώ, -είς, -εί, -ούμε, -είτε, -ούν = Endungen der Verben auf -ώ im Indikativ Präsens Aktiv, z.B. μπορώ)

Aorist Indikativ: σκέφτ-ηκα
Endung: -ηκα
Aoriststamm: σκεφτ-

Konjunktiv	θέλω να σκεφτώ θέλω να σκεφτείς θέλω να σκεφτεί θέλω να σκεφτούμε θέλω να σκεφτείτε θέλω να σκεφτούν	Entsprechend: — δεν πρέπει να στενο- χωρεθείς γι᾽ αυτό — έχει σκοπό να μας διηγηθεί πολλά απόψε — πρέπει να κοιμηθούμε αμέσως usw.
Futur	θα το σκεφτώ αργότερα θα βαρεθείς φοβερά θα συνεννοηθεί περίφημα θα θυμηθούμε τα παλιά usw.	

φύγαμε:	wir gingen weg = wir sind **schon** weg = laßt uns gleich gehen! = «auf gehts»!
έφτασα:	ich bin angekommen = ich bin **schon** da = «ich komme gleich» (der Kellner im Lokal).
σε πρόλαβα:	ich bin dir zuvorgekommen = ich bin **schon** vor dir da.

χτες ήμουν στου Τάκη: στο σπίτι του Τάκη

χτες ήμουν στης Μαρίας: στο σπίτι της Μαρίας

χτες ήμουν στου παιδιού μου: στο σπίτι του παιδιού μου

17 C Ασκήσεις

1

Πού θέλει να πάει ο Τάσος στην αρχή;
Τι έργο θέλει να δει;
Θα παίξει και η κουμπάρα η Αντιγόνη;
Γιατί;
Γιατί ο Αντώνης δε μπορεί να πάει στο θέατρο;
Γιατί πιστεύει ο Τάσος πως θα χαρεί η Φωφώ, αν αλλάξουν σχέδια;
Θα βρούνε εύκολα εισιτήρια;
Πώς ρωτάνε αν έχει ακόμα εισιτήρια;
Τι τους απαντάει το ταμείο του θεάτρου;
Πού αλλού λένε να πάνε ο Τάσος και ο Αντώνης;
Τι έργο θέλουν να δουν;
Γιατί ο Αντώνης θέλει να πάει σ' ένα χαζό έργο;
Ποιοι και γιατί φωνάζουν σ' αυτά τα έργα τόσο πολύ;
Τι έργα αρέσουν στη Φωφώ και τι έργα δεν της αρέσουν;
Γιατί ο Τάσος θέλει να πάει στο ποδόσφαιρο, ενώ ο Αντώνης δε θέλει;
Τι προτείνει τελικά ο Αντώνης;
Τι έργο θα παιχτεί στον Καραγκιόζη;
Γιατί θέλουν να τσιμπήσουν κάτι πριν από την παράσταση;

2 | Διαλέξτε - Wählen Sie aus:

Ο Αντώνης υποσχέθηκε στη Φωφώ πως θα πάνε ... (... στο ποδόσφαιρο. / ... στο θέατρο./ ... στο σινεμά./ ... στον Καραγκιόζη./ ... στην επιθεώρηση.)
Ο Τάσος ... (... βλέπει στην εφημερίδα πως δεν έχει εισιτήρια για το θέατρο./... ξέρει πως κάθε Τετάρτη έχει εισιτήρια για το θέατρο./ ... τηλεφωνεί από το περίπτερο το ταμείο του θεάτρου.)
Ο Τάσος και ο Αντώνης ... (... θέλουν να τσιμπήσουν κάτι πριν από την παράσταση του Καραγκιόζη./ ... θέλουν να φάνε κάτι πριν από το ποδόσφαιρο./ ... απόψε θέλουν να βγούνε για να φάνε.)
Στο σινεμά φωνάζουν ... (... οι ηθοποιοί./ ... οι γυναίκες./ ... οι άντρες./ ... τα παιδιά.)
Στο στάδιο την Τετάρτη θα παίξουν ... (... ο Ολυμπιακός και ο Πανιώνιος./ ... ο Παναχαϊκός και η Γουέλς./ ... ο Παναθηναϊκός και η Μάντσεστερ./ ... ο Πανσερραϊκός και η Μάλτα.)

---

3 | Bilden Sie die Dialogszenen des Textstücks um unter
Berücksichtigung der folgenden neuen Fakten:

a) Antonis hat seiner Frau versprochen, sie zum Essen auszuführen.
b) Tassos kann noch zwei Plätze, aber keinen dritten Platz für die Theatervorstellung bekommen.
c) Frau Fofó interessiert sich für Westernfilme. Tassos und Antonis wollen ihr das aus- und eine Karagiosis-Vorstellung einreden.
d) Antonis will mit seiner Frau allein ins Kino gehen. Tassos läßt sich aber erst nach einer etwas drastischen Maßnahme abschütteln.
e) Tassos und Antonis wollen mit Kikí und Johanna in eine Revue, Fofó will in die Antike Tragödie. Zuerst wird sie versorgt werden müssen.
f) Antonis will mit seinen drei Söhnen und fünf Töchtern (η κόρη) zum Karagiosis gehen. Fofó und Tassos ziehen das Kino vor.

---

4 | Ersetzen Sie in 14 C 8 σήμερα durch αύριο und formen Sie entsprechend um.

---

5 | Lassen Sie auch Odysseus und Pelenope aus 16 C 11 erst morgen beim Frühstück sitzen.

---

6 | Machen Sie aus dem Dialog des Textstücks eine Erzählung.

---

7 | Konjunktiv Aorist oder Konjunktiv Präsens?

Αφού κοιμάσαι καλά δεν πρέπει να ... (παραπονιέμαι). Αφού σε είδαν στο σινεμά δεν χρειάζεται να ... συνεχώς πως ήσουν στο θέατρο (διηγούμαι). Αφού ξέχασε ο Αντώνης τη Φωφώ, εκείνη έπρεπε να ... (διαμαρτύρομαι). Το έργο ήταν πολύ καλό, τα παιδιά δεν έπρεπε να ... (βαριέμαι). Μια και πέρασε το κακό, δεν κάνει να ... (στενοχωριέμαι). Αν θα παραγγείλουμε εισιτήρια από σήμερα, δε χρειάζεται να ... αύριο στην ουρά (σφίγγομαι). Αν της υποσχέθηκες να πάτε σινεμά, δε μπορείς τώρα να ... για ποδόσφαιρο (ενδιαφέρομαι - sich interessieren). Θα χαρούν να ... με κάτι άλλο (ασχολούμαι). Θα μείνουν όλοι ευχαριστημένοι, αν ... τον Καραγκιόζη (επισκέπτομαι).

8 | Übersetzen Sie diese Äsopfabel: |

Μια μύγα έπεσε σε μια χύτρα με κρέας. Την ώρα που πήγαινε να πνιγεί από το ζουμί, είπε μέσα της: έφαγα, ήπια, πήρα και το μπάνιο μου· και να πεθάνω, δε με νοιάζει.

9 | Übersetzung: |

Periklís: Gestern war ich im Theater.
Vassilis: Was wurde gespielt?
Periklís: Der Frieden (η Ειρήνη) von Aristophanes, Regie (η σκηνοθε-σία) Karolos Koun, es war wunderbar.
Vassilis: Und du fandest eine Karte?
Periklís: Ich ging vor einer Woche zur Kasse, wartete eine halbe Stunde in der Schlange und fand noch einen guten Platz.
Vassilis: Herzlichen Glückwunsch! Ich ging vorgestern auch an der Kasse vorbei und fragte, aber es gab keine Karten mehr. Zuerst wollte ich mich beschweren und protestieren, daß für uns Griechen im Sommer so wenig Karten verkauft werden.
Periklís: Ja, die Ausländer gehen gern zu diesen antiken Stücken. Und was verstehen sie davon?
Vassilis: Sag das nicht (μην το λες)! Viele von ihnen haben Altgriechisch auf dem Gymnasium gelernt.
Periklís: Das sprechen sie aber anders aus (προφέρω) und zweitens werden hier die Stücke auf neugriechisch gespielt.
Vassilis: Und dennoch! Die kennen den Inhalt (το περιεχόμενο) aller Komödien und Tragödien oft besser als wir.
Periklís: Die wenigsten (ελάχιστοι)! Ich glaube, die Vorstellung muß zusammen mit der ganzen Reise bezahlt werden. Das nennt man Tourismus (o τουρισμός), mein Lieber!
Vassilis: Neulich lachten jedenfalls die Ausländer bei der Aristophanes-Komödie im Herodes-Attikus-Theater (το Θέατρο Ηρώδου του Αττικού) alle an den richtigen Stellen (το σημείο), da wo man lachen muß...
Periklís: ... und in einer Karagiosis-Vorstellung alle da, wo man weinen muß!

10 | Aufsatzthemen: |

1. Ein Theaterbesuch in Griechenland.
2. Ein Kinobesuch in einem Sommerfreiluftkino in Griechenland.
3. Ein Karagiosis-Gastspiel in Deutschland.

ΠΑΝ. ΜΙΧΟΠΟΥΛΟΥ

Ο ΜΕΓΑΛΕΞΑΝΔΡΟΣ

ΚΑΙ ΤΟ

ΚΑΤΑΡΑΜΕΝΟ ΦΙΔΙ

ΕΡΓΟ ΣΕ ΔΥΟ ΠΡΑΞΕΙΣ

Μπάρμπα-Γιάννη

Μπάρμπα- Γιάννη με τις στάμ- νες, μπάρμπα- Γιάννη με τις
στάμ- νες, μπάρμπα- Γιάννη με τις στάμ- νες και με
τα σταμνάκια σου, και με τα σταμνάκια σου, να χα- ρείς τα
νειάτα σου.

Μπάρμπα-Γιάννη, με τις στάμνες | 3Χ και με τα σταμνάκια σου | 2Χ να χαρείς να νειάτα σου.	Barba Janni mit den Krügen und deinen Krügelchen freu dich an deiner Jugend.
Πρόσεξε μη σε γελάσει | 3Χ καμιά όμορφη κυρά | 2Χ Μπάρμπα-Γιάννη, κανατά	Paß auf, daß keine hübsche Frau dich betrügt, Barba-Janni mit den Krügen
και σου πάρει το γαϊδούρι | 3Χ και σ' αφήσει την ουρά | 2Χ Μπάρμπα-Γιάννη, κανατά.	und dir den Esel wegnimmt und nur den Schwanz zurücklaßt Barba-Janni mit den Krügen.
Μπάρμπα-Γιάννη πέσε πρώτος | 3Χ στου Φαλήρου τα νερά | 2Χ Μπαρμπα Γιάννη, κανατά.	Barba Janni, spring als erster in das Meer von Faliro Barba-Janni mit den Krügen.
Να σε δουν τα κοριτσάκια | 3Χ και να πέσουνε κι' αυτά | 2Χ Μπάρμπα-Γιάννη, κανατά.	Damit dich die Mädchen sehen und auch ins Meer springen, Barba-Janni mit den Krügen.

Volkslied

17 D Καινούριες λέξεις

εθνικός	national	το φονικό	Mord
η κουμπάρα	Hochzeitspatin	απλώνω	ausbreiten,
η προκοπή	Fortschritt		hier: anfassen
της προκοπής	von Wert	πιάνομαι	handgemein
μαζεύω	sammeln		werden
σφίγγω	drücken,	χριστιανέ μου!	mein lieber
	pressen		Freund!
η ουρά	Schwanz,	ο χριστιανός	Christ
	hier: «Schlange»	κουτός	dumm
χάνω	verlieren		
υπερβάλλω	übertreiben	**zu 17 B:**	
σχετικός	relativ		
χαζός	doof	αργότερα	später
ο ηθοποιός	Schauspieler	φοβερά	furchtbar
αμερικάνικος	amerikanisch	τα παλιά	die alten Zeiten
καουμπόικος	Cowboy-		
επιμένω	beharren	**zu 17 C:**	
η επιθεώρηση	Revue		
το ματς	Spiel	αλλάζω σχέδια	die Meinung
το γεγονός	Tatsache		ändern
το γουέστερν	Western	το κακό	Übel
σιχαίνομαι	sich ekeln	ασχολούμαι	sich beschäftigen
προτείνω	vorschlagen	η κόρη	Tochter
ο συμβιβασμός	Kompromiß	μια και	da (kausal)
καταραμένος	verflucht	ενδιαφέρομαι	sich interessieren
το φίδι	Schlange	η χύτρα	Topf
το κλάμα	Weinen	το ζουμί	Sauce
η βεζιροπούλα	Wesirstochter	η ειρήνη	Frieden
η εξυπνάδα	Intelligenz,	η σκηνοθεσία	Regie
	«Witz»	προφέρω	aussprechen
η κουβέντα	Gespräch	το περιεχόμενο	Inhalt
η σάλτσα	Sauce	ελάχιστος	wenigster,
η πατσαβούρα	Putzlappen,		geringster
	Lumpen	το σημείο	Stelle, Punkt

18 A Lektion 18

Πώς να βρούμε την οδό Μνησικλέους;

Αγγελική: Παρακαλώ, μήπως μπορείτε να μου πείτε πού είναι η
οδός Μνησικλέους;

Ένας κύριος: Λυπάμαι, αλλά δεν είμαι απ᾽ εδώ, δεν ξέρω!

Αγγελική: Δεν πειράζει, ευχαριστώ... Παρακαλώ, μήπως
ξέρετε πού είναι η οδός Μνησικλέους;

Άλλος κύριος: Όχι· εδώ κοντά πάντως δεν είναι. Αποκλείεται.
Αυτή την περιοχή την ξέρω καλά. Μήπως κάνετε
λάθος και ζητάτε την οδό Περικλέους; Αυτή είναι
εδώ κοντά.

Αγγελική: Όχι· την οδό Μνησικλέους ψάχνω.·Τι να κάνω
τώρα;

Ο άλλος κύριος: Μήπως την ξέρουν στο περίπτερο· μπορείτε να
ρωτήσετε εκεί!

Αγγελική: Ευχαριστώ... Παρακαλώ, μήπως θυμάστε καμιάν
οδό Μνησικλέους;

Περιπτεράς: Μνησικλέους, Μνησικλέους, κάτι μου λέει το
όνομα. Δυστυχώς όμως δε μπορώ να σας πω
συγκεκριμένα πού βρίσκεται. Να ο τροχονόμος εκεί
στην πλατεία. Αυτός πρέπει να την ξέρει.

Αγγελική: Ευχαριστώ πολύ.

Τροχονόμος: Σιγά! Μη βιά-
ζεστε έτσι! Ή
θέλετε να σας
πατήσει κανένα
αυτοκίνητο; Μι-
σό λεπτό.

Αγγελική: Μιαν ερώτηση
θέλω να σας κά-
νω!

Τροχονόμος: Ακούω, δεσποι-
νίς μου.

Αγγελική: Μήπως ξέρετε
πού είναι η οδός
Μνησικλέους;

Τροχονόμος: Δεν ξέρω, δεσποινίς, δεν είμαι απ' αυτή την περιοχή. Αλλά αυτό δε σημαίνει πως δε μπορούμε να τη βρούμε. Έχω ένα πλάνο της πόλης με κατάλογο όλων των δρόμων. Να δω και θα σας πω αμέσως. Αλλά πριν κοιτάξουμε, πρέπει να εξαφανιστούμε από αυτή την κόλαση, που λέγεται οδός Ακαδημίας. Πώς την είπατε την οδό;

Αγγελική: Μνησικλέους.

Τροχονόμος: Μενελάου;

Αγγελική: Όχι, Μνησικλέους. Είμαι σίγουρη.

Τροχονόμος: Μνησικλέους λοιπόν ... Μάνης, Μεσσήνης, Μηθύμνης, Μήλου, Μιστρά, Μνημοσύνης, Μνησιδάμαντος ... Μνησικλέους. Νάτη, τη βρήκα. Μνησικλέους δε θέλετε;

Αγγελική: Μάλιστα. Προς τα πού πέφτει δηλαδή;

Τροχονόμος: Μια στιγμή. Εδώ είμαστε κοντά στο πανεπιστήμιο. Η Μνησικλέους είναι στην Πλάκα. Λοιπόν. Θα πάτε απ' εδώ ίσα κάτω και θα βγείτε στην οδό Ελευθερίου Βενιζέλου, που είναι μονόδρομος. Ένας δρόμος παρακάτω είναι η οδός Σταδίου. Εκεί στη γωνία θα βρείτε τη στάση του τρόλεϊ, θα πάρετε το δύο, θα κατεβείτε στη στάση Μακρυγιάννη.

Αγγελική: Πόσες στάσεις είναι; Θα αργήσω να φτάσω;

Τροχονόμος: Όχι· μια, δυο, τρεις, τέσσερις στάσεις είναι μόνο. Πέντε λεπτών υπόθεση.

Αγγελική: Εκεί στη στάση Μακρυγιάννη είναι η Μνησικλέους;

Τροχονόμος: Όχι ακριβώς στη στάση. Όπως πάτε, θα προχωρήσετε λιγάκι, θα στρίψετε στη δεύτερη οδό —δεν ξέρω πώς τη λένε— θα ανεβείτε ως το τέρμα της —μικρός δρόμος πρέπει να είναι— εκεί θα στρίψετε δεξιά και αμέσως πάλι δεξιά. Αυτή είναι η Μνησικλέους. Καταλάβατε;

Αγγελική: Ελπίζω να τη βρω. Είπατε λοιπόν να προσπαθήσω να κατεβώ πρώτα στην οδό Βενιζέλου, έπειτα Σταδίου, να βρω στη γωνία τη στάση του τρόλεϊ, να πάρω το δύο, να κατεβώ στη στάση Μακρυγιάννη, να προχωρήσω λιγάκι, να στρίψω στη δεύτερη οδό δεξιά και αμέσως πάλι δεξιά. Ευχαριστώ πάρα πολύ, κύριε, με υποχρεώσατε.

Τροχονόμος: Μα σας παρακαλώ, δεσποινίς, δουλειά μου είναι!

Αγγελική: Και τώρα, έχετε την καλωσύνη να μου σταματήσετε ένα άδειο ταξί;

Τροχονόμος: Τι; Ταξί; Τι να το κάνετε το ταξί, δεσποινίς μου;

Αγγελική: Μα για να πάω επιτέλους στην οδό Μνησικλέους!

Aus einem Karagiosis-Stück:

Θα δεις, κακομοίρη μου, τι θα σου κάνω, για να μάθεις να μην τα βάζεις μαζί μου.

Aus einem offiziellen Brief:

Επειδή δε μπορώ παρά να συμφωνώ με όσα γράφετε, θα κοιτάξω να δω τι μπορώ να επιτύχω από όσα ζητάτε.

Volksweisheit:

Για νά βρεις το δίκιο σου, φτωχέ μου, θα πρέπει να έχεις δίκιο, έπειτα να ξέρεις να το πεις, και ύστερα να βρεις άνθρωπο που να σε ακούσει.

Έλα, παππού μου, να σου δείξω τα αμπελοχώραφά σου.

Όποιος έχει βούτυρο στο κεφάλι, να μην περπατάει στον ήλιο.

— Ποιος θα πάρει τη μεγάλη πίττα;
— Εγώ!
— Ποιος θα πάρει το μεγάλο πιάτο;
— Εγώ!
— Ποιος θα πάρει τη μεγάλη στάμνα;
— Ε, όλο «εγώ» θα λέω; Ας πει και άλλος!

πάω στην αγορά	ich gehe was in der Stadt einkaufen
πάω να ψωνίσω	ich gehe einkaufen
πάω για ψώνια	ich mache meine Einkäufe
πάω να αγοράσω κάλτσες	ich gehe Strümpfe kaufen
πάω να πάρω ψωμί	ich gehe Brot holen

18 B Der Konjunktiv

In den vorausgegangenen Lektionen war vorwiegend von der Bildung der Konjunktivformen die Rede. Hier soll der Gebrauch des Konjunktivs zusammengefaßt und ergänzt werden:

A. In Nebensätzen

1. Mit να bei gleichem Subjekt deutscher Infinitivkonstruktion entsprechend:

— Θέλω να διαβάσω αυτό το βιβλίο (s.o. 9 B)
   Verneinung: μη(ν)

2. Mit να bei verschiedenem Subjekt deutscher «daß»-Konstruktion entsprechend:

— Λες να πάει και αυτός με το τρένο; (s.o. 9 B)
   meinst du, daß auch er mit dem Zug fährt?

— Θέλει να μη διαβάσω αυτό το βιβλίο
   Verneinung: μη(ν)

3. Mit να in finaler Bedeutung: deutscher Konstruktion mit «damit» bzw. «um zu» entsprechend:

— ήρθε να δει τι κάνω
   er kam um zu sehen, was ich treibe
   (er kam, damit er sehe, was ich treibe)

— πήγα να κάνω κολύμπι στη θάλασσα
   ich ging, um im Meer zu schwimmen

— έτρεξε να προλάβει το τρένο — έτρεξε να μη χάσει το τρένο
   er rannte, um den Zug zu erreichen — er rannte, um den Zug nicht zu versäumen.

   Sehr oft wird dieses να durch για zu για να verstärkt:

— το είπα για να το ξέρετε
   ich sagte es, damit ihr es wißt

— του το λέω, για να μην πάθει και αυτός τα ίδια
   ich sage es ihm, damit ihm nicht dasselbe passiert (er nicht dasselbe erleidet)
   Verneinung: μη(ν)

4. Auch ohne να nach den Konjunktionen πριν, προτού «bevor»

— μπορώ να σας δω, πριν (προτού) φύγετε;
kann ich Sie sehen, bevor Sie abreisen?

B. In Hauptsätzen (Verneinung immer μη(ν))

1. Mit να als Aufforderung oder schwachen Befehl:

— να τρέξεις στο μανάβη και να πάρεις ένα σκόρδο!
geh **mal** schnell zum Gemüsehändler und hol einen Knoblauch!

— να μη γυρίσει αμέσως
er soll nicht gleich zurückkommen

— να δω και θα σας πω
lassen Sie mich sehen und ich sage (es) Ihnen

2. Mit να in zweifelnden Fragen:

— τι να κάνουμε τώρα;
was sollen wir jetzt machen?

— να πάω ή να μην πάω;
soll ich gehen oder soll ich nicht gehen?

3. als verneinter Imperativ:

— (να) μη λες ποτέ ψέματα!   lüg niemals!
— (να) μην έρθετε!   kommen Sie nicht!
— (να) μην της δώσεις τίποτε!   gib ihr nichts!

4. Zuweilen ersetzt ας (laß) in Sätzen mit einer Aufforderung να (in der 2. Person Sing. ungebräuchlich). Dabei ist ας mehr auffordernd, να mehr befehlend.

— ας πάμε και εμείς με ταξί
laß(t) uns auch mit dem Taxi fahren

— ας κάτσω εδώ
(unter den angebotenen Möglichkeiten) will ich mich hierher setzen
(«am besten setze ich mich hierher»)
— ας μην κάνουν τόση φασαρία
die sollen keinen solchen Wirbel machen

18 C Ασκήσεις

1 Ποιαν οδό ζητάει η Αγγελική;
Πού βρίσκεται η Αγγελική, όταν ρωτάει τους διάφορους κυρίους,
   για να μάθει πού είναι η οδός Μνησικλέους;
Είναι εκεί κοντά η οδός Μνησικλέους;
Ο περιπτεράς ξέρει τους δρόμους γύρω από το περίπτερο;
Πώς βρίσκει η Αγγελική τον τροχονόμο;
Έχει εκεί υπηρεσία ο τροχονόμος;
Ξέρει την οδό Μνησικλέους;
Τι κάνει για να τη βρει;
Πώς λέει ο τροχονόμος να πάει η Αγγελική στην οδό Μνησικλέους;
Γιατί δεν πάει η Αγγελική με τα πόδια;

2 | Η Αγγελική θέλει να βρει την οδό Μνησιδάμαντος
(Μνησικλέους).
Όχι, η Αγγελική δε θέλει να βρει την οδό Μνησιδάμαντος,
αλλά την οδό Μνησικλέους.

Η οδός Μνησικλέους είναι στη Θεσσαλονίκη κοντά στη θάλασσα
(Αθήνα, Ακρόπολη). Η Αγγελική είναι με το ποδήλατό της, ο
τροχονόμος με τη μοτοσυκλέτα του (και οι δύο με τα πόδια). Η οδός
Μνησικλέους είναι στη στάση Μακρυγιάννη (Πλάκα). Ο τροχονόμος
λέει στην Αγγελική, να πάρει ένα ταξί, για να πάει στην οδό
Μνησικλέους (το τρόλεϊ). Με το τρόλεϊ δύο πρέπει να πάει η Αγγελική
ως το τέρμα (ως τη στάση Μακρυγιάννη). Η οδός Ακαδημίας είναι η πιο
υγιεινή περιοχή της Αθήνας (κόλαση).

3

Για να προλάβετε το αεροπλάνο, πρέπει να ...	μπείτε
αμέσως.	αφήσουν
Απαγορεύεται να ... το πράσινο.	διαβάσω
΄Ελα παππού μου, να σου ... τα αμπελοχώραφά σου.	πατάτε
Δεν επιτρέπεται να ... τα πιάτα	πείτε
Μπορείτε να μου ... πού είναι ο δρόμος για τη	σπάνετε
θάλασσα;	φύγετε
Μακάρι να σας ... να μπείτε στις ανασκαφές της	δείξω

Βεργίνας.
Δεν επιτρέπεται να ... από την «έξοδο» του τρόλεϊ.
Μήπως έχετε κανένα περιοδικό να ... ;

4 ΄Εφτασε στην Ελλάδα ... τα αξιοθέατά της (βλέπω).
΄Εφτασε στην Ελλάδα για να δει τα αξιοθέατά της.

Πήγαμε στην Αίγινα ... στο βουνό με τα αρχαία (ανεβαίνω).
Πήγε στο γιατρό ... εκείνος την καρδιά του (εξετάζω).
Βιάζονται ... το λεωφορείο των 8 (προλαβαίνω).
΄Ηρθε στη θάλασσα ... (κολυμπάω).
Ο μανάβης παίρνει τα μήλα ... σε μια χαρτοσακούλα (τα βάζω).
Θα μου δώσετε, παρακαλώ, τα πορτοκάλια ... (τα ζυγίζω);
... αυτή τη μηχανή, πρέπει να διαβάσετε πρώτα καλά τις οδηγίες
(χρησιμοποιώ).
Πρέπει να παίρνει βιταμίνες, ... καλά (γίνομαι).
Θα κατεβούμε και στα Χανιά, ... με τους καλούς φίλους μας (βλέπομαι).

5 Πριν ..., θα τελειώσουμε τη δουλειά (φεύγω).
Πριν φύγουμε, θα τελειώσουμε τη δουλειά.

Πριν ... αυτό το γράμμα, πρέπει να βρω ένα καλό στυλό (αρχίζω).
Προτού σας ... κάτι, πρέπει να μάθω περισσότερα (λέω).
Πριν ... τη σούπα σου, δεν έχει γλυκό (τρώω).
Θέλω να σας τα τυλίξω τα σταφύλια, προτού τα ... (παίρνω).
Προτού ... πρέπει να σκεφτείτε και οι δύο, τι μπορείτε να κάνετε ακόμα
(στενοχωριέμαι).

Προλάβαμε και ήμασταν στο σταθμό πριν ... το τρένο (φτάνω).
Θα πιούμε ακόμα ένα ποτηράκι πριν ... να ... (πέφτω, κοιμάμαι).
Έφτασα στο σπίτι, πριν ... η Μαρία (γυρίζω).
Πριν ... εδώ, πρέπει να περάσεις οπωσδήποτε από τη Λούλα (έρχομαι).

6 | Η Μαρία τρέχει στο δρόμο· η Ελένη της λέει ...
Η Μαρία τρέχει στο δρόμο και η Ελένη της λέει:
(να) μην τρέχεις, Μαρία!

Το μωρό κλαίει· η μαμά του του λέει ...
Ο Γιάννης βιάζεται να προλάβει το τρένο· ο τροχονόμος του λέει ...
Ο περιπτεράς ακούει το τηλεφώνημα του Πέτρου· ο Πέτρος του λέει ...
Εγώ κι ο σκύλος μου πάμε βόλτα· Η Τασία μας λέει ...
Η Ευαγγελία και ο Τάσος θέλουν να πάρουν εισιτήρια από το ταμείο
του θεάτρου. Ένας νεαρός τους σπρώχνει· η Ευαγγελία κι ο Τάσος
θυμώνουν και του λένε ...
Η Ελένη πίνει πολύ κρασί απόψε, γιατί είναι στενοχωρημένη· ο φίλος
της της λέει ...
Καπνίζεις πάρα πολύ· σου λέω ...

7 | Διαβάστε και μάθετε απέξω
Ι. Στο ξενοδοχείο

Θυρωρός: Ο κύριος;
Ηλίας: Καλημέρα σας. Μήπως έχετε ένα δίκλινο και ένα μονό-
κλινο γι᾽ απόψε;
Θυρωρός: Μονόκλινο έτσι κι έτσι δεν έχουμε. Πρέπει να σας δώσω
δυο δίκλινα.
Ηλίας: Και πόσο πρέπει να πληρώσω τότε;
Θυρωρός: Για δυο δίκλινα, φυσικά.
Ηλίας: Μπορώ να τα δω;
Θυρωρός: Μάλιστα. Όλα τα δωμάτια έχουν ντους, ατομικό
καμπινέ και αιρ κοντίσιον.
Ηλίας: Μήπως έχετε και ένα τρίκλινο;

Θυρωρός: Βεβαίως. Θα αδειάσει όμως αύριο.
Ηλίας: Τότε μάλλον πρέπει να μείνουμε και οι τρεις μας απόψε στο δίκλινο.
Θυρωρός: Όπως θέλετε, κύριε. Τα διαβατήριά σας, παρακαλώ.
Ηλίας: Αριάδνη, Πηνελόπη, ελάτε! Και ... απόψε νηστεία, για να χωρέσουμε και οι τρεις σε δυο κρεβάτια!

II. Στο πρακτορείο του ΚΤΕΛ.

Ούρσουλα: Θέλω να πάω στη Βεργίνα, στις καινούριες ανασκαφές.
Υπάλληλος: Τα λεωφορεία μας φεύγουν από δω στις 6, 10 και μισή και 2 το μεσημέρι.
Ούρσουλα: Το απόγευμα δεν έχει;
Υπάλληλος: Όχι, το τελευταίο είναι αυτό των δύο το μεσημέρι. Κατευθείαν.
Ούρσουλα: Κατευθείαν; Δηλαδή;
Υπάλληλος: Αν πάτε από δω στη Βέρροια έχει από τις 6.45΄ το πρωί συνέχεια κάθε ώρα ως τις 10.45΄ το βράδι. Στη Βέρροια θα βρείτε μέσον για να πάτε στη Βεργίνα.
Ούρσουλα: Μάλιστα. Το πολύ με ωτοστόπ. Να κόψω από τώρα εισιτήριο;
Υπάλληλος: Εξαρτάται. Για τη Βεργίνα ναι, πρέπει να κόψετε εδώ, για

τη Βέρροια τα κόβει ο εισπράκτορας μέσα στο λεωφορείο.

Ούρσουλα: Προλαβαίνω το λεωφορείο των 10 και μισή; Πότε θα φτάσει εκεί;

Υπάλληλος: Οπωσδήποτε. Να, έξω περιμένει να αναχωρήσει. Θα φτάσει στη Βεργίνα στις 12 και τέταρτο.

Ούρσουλα: Και ο σάκος μου;

Υπάλληλος: Δώστε τον στον εισπράκτορα. Θα τον βάλει απάνω στη στέγη.

Ούρσουλα: Και άμα βρέξει;

Υπάλληλος: Εδώ είναι Ελλάδα, δεσποινίς μου, δεν είναι Γερμανία ή Αγγλία. Μακάρι να βρέξει. Και άμα βρέξει, τι θα πάθει; Θα στεγνώσει. Καλό ταξίδι και ... μακάρι να σας αφήσουν να μπείτε στις ανασκαφές της Βεργίνας.

Ούρσουλα: Δεν κατάλαβα, τι είπατε;

Υπάλληλος: Τίποτα. Καλό ταξίδι. (στο αφτί του συνάδελφου): Τζάμπα πάει η καημένη.

III. Στο κομμωτήριο.

Κυρά Λαμπρινή: Θέλω λούσιμο, κόψιμο, στέγνωμα και ...

Αριάδνη: Αμέσως. Να τελειώσω με την κυρά Χαρίκλεια και μετά είναι η σειρά σας.

Κ. Λαμπρινή: Περιμένω. Μήπως έχετε κανένα περιοδικό να διαβάσω;

Αριάδνη: Βεβαίως. Να, εκεί στο τραπεζάκι.

Κ. Λαμπρινή: Κανένα ξένο, καμιά Burda;

Αριάδνη: Μπα, δεν πιστεύω, ο Αλέκος τα φέρνει. Ό,τι έχει αυτός έχουμε κι εμείς. Κι αυτός έχει καλά περιοδικά.

Κ. Λαμπρινή: Καμιά Burda, για μόδα και τέτοια;

Αριάδνη: Όχι, κυρά Λαμπρινή μου, μπούρδες δεν έχουμε.

Κυρία Πόπη, έχω δυσάρεστα νέα για σας ...

IV. Ιστορία για πέταμα

Παντελής: Μπορείς να με πετάξεις μια στιγμή σπίτι;

Σπύρος: Να σε πετάξω εγώ από το σπίτι; Ε όχι, γιατί, Παντελή μου;

Παντελής: Όχι να μη με πετάξεις **από** το σπίτι, να με πετάξεις **στο** σπίτι. Να με πας δηλαδή σπίτι μου.

Σπύρος: Και πώς να σε πετάξω;

Παντελής: Με το αμάξι σου.

Σπύρος: Δεν το έχω εδώ, από το μεσημέρι πετάχτηκε τάχα η Δέσποινα στο κομμωτήριο, και ακόμα δε γύρισε.

Παντελής: Είναι μακριά το κομμωτήριο;

Σπύρος: Μπα, στην Αναγνωστοπούλου.

Παντελής: Τότε ξέρεις τι θα κάνουμε; Θα πεταχτούμε μια στιγμή ως εκεί, θα πάρουμε το αμάξι και θα με πετάξεις στο σπίτι.

Σπύρος: Μπράβο, ωραίος είσαι! Το σκέφτηκες καλά; Και η Δέσποινα; Αν είναι να πετάξει κανείς κάποιον, θα πετάξει αυτή εμάς, και φαντάζομαι όχι **στο** σπίτι.

8 | Übersetzung

Geben Sie es ihr nicht gleich! Geh nicht hinein, bevor er «ja» gesagt hat! Renn nicht so! Iß und trink nicht so viel! Sollen wir es ihm nicht sagen? Worauf sollen wir noch warten? Was soll ich jetzt machen? Fürchtet euch nicht! Gehen Sie nicht weg, ich bitte Sie! Komm (nur) nicht mit deiner Frau, sie wird sich schrecklich langweilen. Setz dich nicht neben den da! Fahren Sie bitte nicht so schnell!

9 | Übersetzung

Können Sie mir bitte sagen, wann das Schiff nach Santorin abfährt? Wissen Sie vielleicht, wieviel Uhr es ist? Er muß heute noch ein Hotel für 14 Personen finden. Kann ich Sie heute abend anrufen? Sie will sich ein Auto mieten. Vielleicht können Sie uns helfen? Hier ist es verboten zu fotografieren. Er trank gern Uso. Darf ich hier rauchen? Er will in diesem Jahr nicht nach Griechenland fahren. Haben Sie vielleicht eine Zeitung für mich zum Lesen?

10 | Απαντήστε! — Antworten Sie!

Τι πουλάει ένας περιπτεράς; Τι δουλειά κάνει ένας τροχονόμος; Ποιους κεντρικούς δρόμους της Αθήνας ξέρετε; Ποιες πλατείες; Μπορείτε να τις δείξετε στο χάρτη των Αθηνών; Ξέρετε να ζητήσετε ένα δωμάτιο σε ξενοδοχείο; Πώς; Σας αρέσει να μένετε σ᾽ ένα ξενοδοχείο στο κέντρο της Αθήνας; Γιατί; Πού είναι η Πλάκα; Τι πρέπει να πείτε στον ταξιτζή, αν θέλετε να πάτε με ταξί στην Πλάκα; Πώς διασκεδάζει κανείς στην Αθήνα; Πού βρίσκει κανείς πάρκιν στην Αθήνα; Ποια άλλη πόλη της Ελλάδας ξέρετε; Γιατί έχουμε στην Ελλάδα παντού δρόμους με το όνομα του Ελευθερίου Βενιζέλου; Ποιος ήταν αυτός, πότε έζησε και τι έκανε; Ποιος ήταν ο Μακρυγιάννης; Πότε έγινε η ελληνική επανάσταση;

11 | Spielanleitung

1. Fragen Sie sich bei verschiedenen Personen zum Busbahnhof (κεντρικός σταθμός λεωφορείων) von Athen durch und dort nach dem Bus nach Metsowo (το Μέτσοβο).
2. Sie wollen «ausgehen». Diskutieren Sie die verschiedenen Möglichkeiten.
3. Sie bestellen telefonisch von Deutschland aus ein Hotel für 5 Personen in Rethymnon - Kreta. Das klappt erst nach vielem Hin und Her mit der dortigen Reception und dem Hoteldirektor.

Τα παιδιά του Πειραιά

(από το φιλμ: Ποτέ την Κυριακή)

Απ᾽ το παράθυρό μου στέλνω ένα, δύο και τρία και τέσσερα φιλιά,
που φτάνουν στο λιμάνι ένα και δύο και τρία και τέσσερα πουλιά.
Πώς ήθελα να έχω ένα και δύο και τρία και τέσσερα παιδιά,
που, σα θα μεγαλώσουν όλα, να γίνουν λεβέντες για χάρη του Πειραιά!

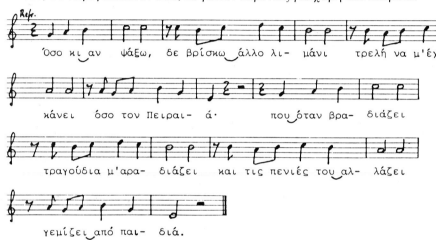

Όσο κι αν ψάξω, δε βρίσκω άλλο λι- μάνι τρελή να μ'έχει

κάνει όσο τον Πειραι- ά· που όταν βρα- διάζει

τραγούδια μ'αρα- διάζει και τις πενιές του αλ- λάζει

γεμίζει από παι- διά.

´Οσο κι αν ψάξω, δε βρίσκω άλλο λιμάνι
τρελή να μ᾽ έχει κάνει όσο τον Πειραιά
που όταν βραδιάζει
τραγούδια μ᾽ αραδιάζει
και τις πενιές του αλλάζει
γεμίζει από παιδιά.

Από την πόρτα μου σα βγω, δεν υπάρχει κανείς που να μην τον αγαπώ,
και σαν το βράδι κοιμηθώ, ξέρω πως θα τον ονειρευτώ.
Πετράδια βάζω στο λαιμό και μια χάντρα φυλαχτό
γιατί τα βράδια καρτερώ, στο λιμάνι σα βγω, κάποιον άγνωστο να βρω.

μουσική: Μάνος Χατζιδάκης

Die Kinder des Piräus

(aus dem Film: Sonntags nie)

Aus meinem Fenster schicke ich einen, zwei, drei, vier Küsse,
die im Hafen ankommen als ein, zwei, drei, vier Vögel.
Wie gern hätte ich eins, zwei, drei, vier Kinder,
die, wenn sie groß würden, alle tolle Burschen für den Piräus würden.

Solange ich auch such', ich finde keinen anderen Hafen,
der mich so verrückt gemacht hat wie der Piräus
und wenn es dort Abend wird,
mir Lieder aneinanderreiht
und wo eine Busukimusik der anderen folgt
und der sich füllt mit jungen Männern.

Wenn ich aus meiner Tür trete, so gibt es keinen, den ich nicht liebe,
und wenn ich mich abends schlafen lege, so weiß ich, daß ich von ihm
träumen werde.
Edle Steine lege ich mir um den Hals und eine Perle als Amulett,
wenn ich abends im Hafen ausgehe, warte ich darauf, einen Unbekannten
zu treffen.

18 D Καινούριες λέξεις

η οδός	Straße (bei offi-
	ziellen Angaben)
η περιοχή	Gegend
κάνω λάθος	sich irren
	(einen Fehler
	machen)
ο περιπτεράς	Verkäufer
	im Kiosk
το όνομα	Name
συγκεκριμένα	konkret
η πλατεία	Platz
σιγά!	langsam!
πατάω	treten,
	hier: anfahren,
	überfahren
σημαίνω	bedeuten
το πλάνο	Plan
εξαφανίζομαι	verschwinden
η κόλαση	Hölle
σίγουρος	sicher
προς	in Richtung auf
ίσα	geradeaus
ο μονόδρομος	Einbahnstraße
η γωνία	Ecke
η στάση	Haltestelle
το τρόλεϊ	O-Bahn (Bus mit
	elektrischer Ober-
	leitung)
αργώ	sich verspäten
η υπόθεση	Sache
στρίβω	abbiegen
ως	bis
τέρμα, το	Ende
προσπαθώ	sich bemühen
με υποχρεώσατε	etwa: «ich bin Ihnen
	sehr verbunden»
υποχρεώνω	jemanden ver-
	pflichten
έχω την καλο-	die Freundlich-
σύνη	keit haben
ο κακομοίρης	«von allen Geistern
	Verlassener»
το βάζει μαζί	er legt sich mit
μου	mir an
επιτυχαίνω,	erreichen, Erfolg
πετυχαίνω	haben, treffen,
	gelingen, erzielen

το δίκιο	Recht
φτωχός	arm
έπειτα	dann, darauf
τα αμπελοχώραφα	Weinberg
το αμπέλι	Weinberg
το χωράφι	Acker, Feld
το βούτυρο	Butter
η πίττα	Pastete
το πιάτο	Teller
η στάμνα	Wasserkrug
όλο	immer
η αγορά	Markt, Innenstadt
τα ψώνια	Einkauf

Zu 18 B:

κάνω κολύμπι	schwimmen
παθαίνω	erleiden

zu 18 C:

η υπηρεσία	Dienst
η ταμπέλα	Schild
η μοτοσυκλέτα	Motorrad
υγιεινός	gesund
συμπληρώνω	ergänzen
συμπληρώστε	ergänzen Sie
οι ανασκαφές	Ausgrabungen
η έξοδος	Ausgang
εξετάζω	prüfen
οι οδηγίες	Gebrauchs-
	anweisung
οι βιταμίνες	Vitamine
θυμώνω	sich aufregen,
	zornig werden,
	wütend werden
δεν κάνει	es geht nicht,
	es gehört sich nicht
η συμβουλή	Rat
ο θυρωρός	Portier
	Pförtner
το δίκλινο	Zweibettzimmer
(δωμάτιο)	
το μονόκλινο	Einzelzimmer
(δωμάτιο)	
ατομικός	eigen, persönlich
ο καμπινές	Toilette

το τρίκλινο (δωμάτιο)	Dreibettzimmer	το κόψιμο	Schneiden (der Haare)
αδειάζω	leer werden, - machen	το στέγνωμα	Trocknen (der Haare)
ελάτε!	kommt!	το χτένισμα	Legen (der Haare)
η νηστεία	Fasten		
το μέσον	Mittel	τελειώνω	fertig machen
ωτοστόπ	Autostop	το τραπεζάκι	Tischchen
κόβω εισιτήριο	eine Fahrkarte lösen	ξένος	ausländisch
		η μόδα	Mode
αναχωρώ	abfahren	οι μπούρδες	Unsinn, Quatsch
ο σάκος	Rucksack	δυσάρεστος	unerfreulich
η στέγη	Dach	για πέταμα	zum Wegwerfen
η Αγγλία	England	πετάω	fliegen, werfen,
μακάρι	schön wärs		wegwerfen, jem.
στεγνώνω	trocken werden, trocknen	τάχα	wohinbringen angeblich
καλό ταξίδι!	gute Reise!	αν είναι να	wenn es darum
ο καημένος	der Arme (oft ironisch)	το καράβι	geht, daß Schiff
το κομμωτήριο	Frisiersalon	κεντρικός	Busbahnhof
το λούσιμο	Waschen (der Haare)	σταθμός λεωφορείων	

Να διαβάσω, να μη διαβάσω, να διαβάσω, να μη διαβάσω ...

Test 3

Ελληνικό κέφι

Το ελληνικό κέφι είναι μια πολύ περίεργη υπόθεση. Όλοι οι ξένοι πιστεύουν ότι οι Έλληνες έχουν κέφι. Είναι ίσως μια αυταπάτη, ανάλογη με αυτήν που συνέβαινε πριν 50 χρόνια. Τότε πίστευαν ότι κυκλοφορούσαμε με χλαμύδες, τρώγαμε αμβροσία και πίναμε νέκταρ ή κώνειο ανάλογα με τα κέφια μας. Τώρα πιστεύουν ότι χορεύουμε τις 25 ώρες του εικοσιτετράωρου συρτάκι. Πιστεύουν ότι μαθαίνουμε συρτάκι από το νηπιαγωγείο. Δε θα ξεχάσω ποτέ πόση απογοήτευση προκάλεσα πέρυσι σε μια Αμερικανίδα δημοσιογράφο 76 ετών, τη δεσποινίδα Μάρτζορυ Μακφέρσον, που γράφει στο περιοδικό του Σικάγου «Ο παλμός της νεότητας».

Η μις Μακφέρσον λοιπόν με παρακάλεσε να της μάθω συρτάκι. Της είπα ότι δεν ήξερα συρτάκι. Της είπα ότι ο μόνος μοντέρνος χορός που ξέρω είναι η ρούμπα.

Η μις Μακφέρσον με κοίταξε με ένα πονεμένο βλέμμα: «Κατάλαβα». είπε. «Δε θέλετε να μάθω συρτάκι». «Δεν είναι αυτή η πρόθεσή μου», είπα ταραγμένος.

«Θέλετε να το ξέρετε μόνο εσείς!»

«Όχι. Κάνετε λάθος».

Η δεσποινίς Μακφέρσον ήταν έτοιμη να κλάψει.

«Φταίμε εμείς που το '48 σας βοηθήσαμε με το σχέδιο Μάρσαλ», ούρλιαξε. «Ή μήπως το ξεχάσατε κι αυτό;»

Όλο το υπόλοιπο βράδι με συντρόφευε ο βουβός πόνος της Μάρτζορυ Μακφέρσον. Στις δύο παρά δέκα αποφάσισα να υποκύψω: Σηκώθηκα και της έμαθα συρτάκι. Δεν έμαθα ποτέ τι ήταν ακριβώς αυτό που χόρεψα εκείνο το βράδι. Δεν το έμαθε βέβαια ούτε η δεσποινίς Μακφέρσον. Πάντως έμεινε πολύ ευχαριστημένη.

«Είδατε τι ωραία που το χορεύετε;» φώναξε. «Γιατί λοιπόν κάνατε το δύσκολο;»

«Δεν χορεύω ποτέ συρτάκι πριν από τις τρεις το πρωί», της απάντησα αυστηρά.

Τα τελευταία νέα από τη δεσποινίδα Μακφέρσον αναφέρουν ότι είναι το πρόσωπο της ημέρας στο Σικάγο: Μαθαίνει σε όλους συρτάκι.

«Δεν το ξέρω όμως τόσο καλά όσο εσείς», μου γράφει στο τελευταίο γράμμα της.
Σε τελευταία ανάλυση κανείς δε μπορεί να είναι τέλειος!

(Από το ομώνυμο διήγημα του Φρέντυ Γερμανού)

1 | Ergänzen Sie in der passenden Zeit:

Γιατί ... τόσο πολύ, όταν πήρες το γράμμα του (στενοχωριέμαι); ... να τον ακούς να μιλάει τόσο μονότονα (βαριέμαι). Γιατί ... να κάνεις αυτό που σου λέω (αρνιέμαι); Τα υπνοδωμάτια ... σε καλή τιμή (νοικιάζομαι). Το πακέτο ... από τη Γερμανία και θα πάει στα Τρίκαλα (έρχομαι). Σε τι ... αυτό το μηχάνημα (χρησιμοποιούμαι); Τι γραμματόσημα ... για αυτή την καρτ ποστάλ (χρειάζομαι); Τον ... το Γιώργο, όταν τον είδα προχτές (λυπάμαι).

2 | Ergänzen Sie mit der entsprechenden Aoristform:

Το αυτοκίνητό του ... σε πολύ καλή τιμή (αγοράζομαι). ... πως οι εκπτώσεις θα γίνονται όλο το χρόνο (αποφασίζομαι). Ο Πέτρος ... οχτώ ώρες τη νύχτα και δύο το μεσημέρι (κοιμάμαι). Δε μπόρεσε να ... καλά, γιατί ... από το θόρυβο (κοιμάμαι, ενοχλούμαι). Η γριά ... να πληρώσει το γιατρό στο τέλος (υπόσχομαι). Ο γιατρός όμως στο τέλος δεν ..., γιατί δε ... να της πάρει όλα τα πράματα (πληρώνομαι, ντρέπομαι).

3 | Setzen Sie ins Passiv |

Με χτύπησε ένα αυτοκίνητο και με μετάφεραν στο νοσοκομείο. Θα πουλήσουν το σπίτι τους φέτος ακόμα. Τον θεωρούν μεγάλο επιστήμονα. Ο πατέρας έλουσε το παιδί του. Έτσι όμως στενοχώρησε τη μητέρα. Το βιβλίο αυτό με συγκίνησε πολύ, γιατί ο συγγραφέας του το έγραψε με πολλή αγάπη.

4 | Ergänzen Sie die fehlenden Wortendungen und die fehlenden Wörter (siehe unten) und übersetzen Sie: |

Καθημερινά πνίγ... στις ελληνικές θάλασσες πολλοί Έλληνες. Το κακό αυτό αποδίδ... στο γεγονός ότι οι Έλληνες δεν ... να κολυμπ.... Γιατί παρόλο που η Ελλάδα περιβρέχ... από τις τρεις μεριές της από..., λίγοι Έλληνες έχ... τη δυνατότητα να ... κολύμπι. Από τη μια μεριά, γιατί δε μπορούν οι πιο πολλοί να κάν... διακοπές στη θάλασσα το ..., από την άλλη, γιατί μόνο σε πολύ λίγα μέρη υπάρχουν πισίνες και κλειστά ... . Το κολύμπι είναι άγνωστο σπορ στα σχολεία, και τα περισσότερα ... φοβ... το νερό. Η λαχτάρα όμως του Έλληνα για δροσιά τα καλοκαίρια δε συμβιβάζ... με την έλλειψη πείρας στην επαφή του με το υγρό ... .

Βοήθειααααα. Πνίγεται η γυναίκα μου, πνίγεται η γυναίκα μου ...

Fehlende Wörter: κολυμβητήρια, στοιχείο, μάθουν, ξέρουν, καλοκαίρι, παιδιά, θάλασσα.

5 | Setzen Sie die Geschichte fort: |

Ήταν μεσάνυχτα. Ο κύριος Ταχτσόγλου καθόταν ακόμα μπροστά στην τηλεόραση. Σε μια στιγμή μπήκε μέσα στο δωμάτιο η γυναίκα του και είπε τρομαγμένη: Έλα γρήγορα, ένα φάντασμα ...

Καινούριες λέξεις

το κέφι	Laune
περίεργος	merkwürdig, neugierig
η αυταπάτη	Selbstbetrug
ανάλογος	analog, im Vergleich
κυκλοφορώ	umherlaufen, sich bewegen
η χλαμύδα	Umhang der alten Griechen (Mantel)
η αμβροσία	Ambrosia
το νέκταρ	Nektar
το κώνειο	Schierlingstrank
το εικοσιτετράωρο	24-Stundenlang
το συρτάκι	Sirtaki (Tanz)
το νηπιαγωγείο	Kindergarten
η απογοήτευση	Enttäuschung
προκαλώ	hervorrufen, provozieren
η Αμερικανίδα	Amerikanerin
ο, η δημοσιογράφος	Journalist, -in
ο παλμός	Pulsschlag
η νεότητα	Jugend
ο χορός	Tanz
η ρούμπα	Rumba
πονεμένος	leidend
το βλέμμα	Blick
η πρόθεση	Absicht
ταραγμένος	erschreckt
ουρλιάζω	heulen, brüllen
υπόλοιπος	restlich
συντροφεύω	begleiten
βουβός	stumm
ο πόνος	Schmerz
αποφασίζω	sich entschließen, beschließen
υποκύπτω	sich beugen
ευχαριστημένος	zufrieden
αυστηρός	streng
αναφέρω	erwähnen
το πρόσωπο	Person
τόσο - όσο	so - wie
η ανάλυση	Analyse
μονότονος	monoton

το υπνοδωμάτιο	Schlafzimmer
η τιμή	Ehre, Preis
ἡ ἔκπτωση	Preisermäßigung
εκπτώσεις	Schlußverkauf
ο επιστήμονας	Wissenschaftler
συγκινώ	bewegen
ο συγγραφέας	Schriftsteller, Autor
καθημερινός	täglich
αποδίδω	etwas auf etwas zurückführen
περιβρέχεται	wird umspült
η μεριά	Seite
η δυνατότητα	Möglichkeit
το κολύμπι	Schwimmen
το μέρος	Teil, Platz, Gegend auch: Toilette
η πισίνα	Schwimmbad
το κολυμβητήριο	Schwimmbad
συμβιβάζομαι	unter einen Hut bringen, in Einklang gebracht werden
τα μεσάνυχτα	Mitternacht
τρομαγμένος	entsetzt
το φάντασμα	Gespenst

19 A Lektion 19

Το ωραιότερο θέαμα του κόσμου.

Ορίστε, περάστε, κυρίες και κύριοι! Ελάτε να δείτε το ωραιότερο θέαμα του κόσμου! Μη σπρώχνετε, μη βιάζεστε, όλοι θα πάρετε, η παράσταση δεν άρχισε ακόμα.

Ορίστε κύριε, πάρτε το εισιτήριό σας!

Λέγετε εσείς, κύριε, πόσα εισιτήρια θέλετε; Να πάρ᾽ τα, ορίστε, περνάτε τώρα με την παρέα σας.

Εσείς έχετε εισιτήριο; Δείξτε μού το παρακαλώ! Μάλιστα, εκεί λίγο πιο πέρα είναι η είσοδος.

Εσύ, παιδί μου, πες μου, πόσων χρονών είσαι; Α, μην προχωράς, το πρόγραμμά μας είναι για τους μεγάλους, «ακατάλληλον δι᾽ ανηλίκους». (στο αφτί του μικρού: Κόψε εισιτήριο κι έλα από την πίσω πόρτα).

Εδώ η περίφημη ῎Ινα-Μαρίνα, ελάτε να δείτε το χορό της κοιλιάς, μάτια μου, τι έχει να γίνει απόψε!

Περάστε, κόσμε, ελάτε ν᾽ ακούσετε τον πιο ξακουστό μπουζουκτσή της Πλάκας· βρέστε καλύτερο, αν μπορείτε.

Προσέξτε το μαχαίρι του ταχυδαχτυλουργού, κόβει στα δυο τα κορμιά ωραίων δεσποινίδων!

Η μαϊμού που μιλάει! Φίλησε, Τσίτα μου, τη βαριά κυρία εκεί στο βάθος! Μη φοβάσαι, καλέ, δε δαγκώνει! Κάνε, Τσίτα μου, πώς κάνει κούνια ο Ταρζάν στα μακριά κλαδιά της ζούγκλας!

Εδώ οι μαγικοί καθρέφτες, για να δείτε το μπόι σας μακρύ, παχύ, φαρδύ κι ανάποδο!

Περάστε γρήγορα, τρέξτε, προλάβετε, το πρόγραμμα αρχίζει.

19 B Imperativ der 2. Person

Aktiv Präsens

-ε, -ετε	-α, -ατε

Beispiel: πρόσεχε   μίλα
         προσέχετε   μιλάτε

Aorist

-ε, -τε

Beispiel: πρόσεξε   μίλησε
         προσέξτε   μιλήστε

Passiv Aorist

-σου, -θείτε

Beispiel: ντύσου
         ντυθείτε

Besonderheiten:

Präsens: τρέχα   τρεχάτε   beeil dich, ...
        φεύγα   φευγάτε   mach dich auf den Weg, ...

Aorist: Die auf Konsonanten reduzierten Aoriststämme haben im Imperativ Aorist ein zusätzliches -ς (σ).

Aoriststamm	Singular	Plural
βγ- (< βγήκα)	βγες (έβγα)	βγέστε - βγείτε
βρ- (< βρήκα)	βρες	βρέστε
δ- (< είδα)	δες	δέστε
μπ- (< μπήκα)	μπες (έμπα)	μπέστε - μπείτε
π- (< είπα)	πες	πέστε
πι- (< ήπια)	πιες	πιέστε

Παροιμία

Όπου βρεις τραπέζι, κάτσε, όπου βλέπεις ξύλο, φεύγα!

Weitere Besonderheiten beim Imperativ Aorist:

ανέβα	ανεβείτε	(< ανέβηκα)	
κατέβα	κατεβείτε	(< κατέβηκα)	
σώπα	σωπάστε	(< σώπασα)	sei ruhig!
			was du nicht sagst!
ας-άσε-άφησε	άστε-αφήστε	(< άφησα)	laß!
(ας τον, άσε με)			
έλα	ελάτε		komm!
σήκω	σηκωθείτε	(< σηκώθηκα)	steh auf!
φάγε-φάει	φάτε	(< έφαγα)	iß!

Die Stellung der Personalpronomina beim Imperativ:

nach dem Verb: (Personenobjekt vor dem Sachobjekt):

δώσ' του το, διάβασέ το, πιες το, βρες τα, βράσ' τα, δείξ' της τα, φέρτε μάς το.

Besonders häufig sind folgende imperativische Ausdrücke:

άκου να δεις	hör mal zu
έλα να δεις	komm und sieh
κοίταξε να δεις	schau mal
κοίτα να δεις	schau mal
κόψ' το	hör (das) auf
(το) πήγαινε έλα	das Hin- und Hergehen
(το) τρέχα γύρευε	das Umhersuchen
(στο) άψε σβήσε	im Nu
δεν είναι παίξε γέλασε	damit ist nicht zu spaßen

ΓΙΑΓΙΑ, ΕΛΑ, ΕΧΕΙ ΕΛΛΗΝΙΚΗ ΤΑΙΝΙΑ

Der **Imperativ des Präsensstammes** bringt den Aspekt der Dauer bzw. Wiederholung bei einem nicht auf ein bestimmtes Ziel gerichteten Ereignis, der **Imperativ des Aoriststammes** den Aspekt der Einmaligkeit beim auf ein bestimmtes Ziel gerichteten Ereignis zum Ausdruck.

τρέξε στο περίπτερο να πάρεις σπίρτα, αλλά τρέχα!
lauf mal schnell zum Kiosk, um Streichhölzer zu holen, aber beeil dich!

τρέξε drückt nur den **zielgerichteten** Befehl aus. Dieser bezieht sich auf den Inhalt des Befehls: hol Streichhölzer! Die angesprochene Person kann dabei durchaus ganz gemütlich den Auftrag erledigen.
τρέχα bezieht sich dagegen auf den **Verlauf** des Befehls: führ den genannten Auftrag schnell (im Laufen) aus!

Adjektive auf -ύς, -ιά, -ύ: βαρύς, βαριά, βαρύ - schwer

N.	βαρύς	βαριά	βαρύ	βαριοί	βαριές	βαριά
G.	βαριού	βαριάς	βαριού	βαριών	βαριών	βαριών
A.	βαρύ	βαριά	βαρύ	βαριούς	βαριές	βαριά

So gehen auch:
βαθύς	tief
μακρύς	lang, weit
παχύς	fett
πλατύς	breit
φαρδύς	breit

Adverbien dazu: βαριά, βαθιά, μακριά, παχιά, πλατιά, φαρδιά.

19 C Ασκήσεις

1 | Spielen Sie die Jahrmarktsszene möglichst wortgetreu nach.

2 | Machen Sie aus dem Textstück eine Erzählung mit möglichst wenigen Imperativen:

Στο πανηγύρι: Ο κράχτης του λούνα παρκ θέλει να μαζέψει κόσμο και...

3 | Τον βλέπω.
Δες τον!

Τα διαβάζω. Το μαθαίνω. Την δίνω. Τα λέω όλα. Τον προσέχω. Τα παίρνω. Τους βλέπω. Το τρώω. Τον πίνω. Το παίζω.

4 | Τις βλέπουμε.
Δέστε τις!

Τους τα δίνουμε. Τους τις φέρνουμε. Τα μαθαίνουμε. Το τρώμε. Της το παίρνουμε. Το σταματάμε. Τον συγχωρούμε. Του τα λέμε. Τους τις δείχνουμε.

5 | Τρέξε!
Να τρέξεις!

Κατέβα! Μπες! Ανέβα! Βγες! Πιες! Συγχώρεσέ με! Μίλησέ μου! Δείξ' το! Έλα! Κάτσε!

6 | Κλείσ' το!
Μην το κλείσεις!

Βρες το! Άκουσέ τον! Ανέβα πάνω! Δώσ' το! Άνοιξέ τα! Κάν' το! Πάψε! Σπρώξτε την πόρτα! Κοίταξέ τις! Πιες το! Βάλ' το εδώ πάνω! Φύγετε από δώ! Μάθε το τραγούδι! Μπείτε από δω και βγείτε από κει! Μπες και βγες χωρίς να χτυπήσεις την πόρτα! Ξέχασέ το! Γράψ' του το!

7
> Δώστε το!
> Να το δώσετε!
> Ας το δώσουν.

Πέστε κάτι! Πιέστε ένα κρασί! Ησυχάστε τώρα! Σωπάστε πια! Παίξτε τίμια! Περάστε μέσα! Ξεχάστε το αμέσως! Γράψτε τα σωστά! Δείξτε τού τα όλα! Ελάτε γρήγορα! Βρέστε άκρη! ΄Αστε τον ήσυχο!

8
> Παίρνω το τρένο.
> Να πάρετε το τρένο!
> Ας πάρουμε το τρένο.

Περιμένω λιγάκι. Βγάζω τη ζακέτα. Κοιτάζω το βιβλίο. Μένω εδώ. Αρχίζω από μένα. Πίνω ακόμα ένα ποτηράκι. Γυρίζω αμέσως. Την φωνάζω. Πληρώνω το πρόστιμο. Το βλέπω πρώτα. Δεν του το δίνω. Αφήνω τη θεωρία και πιάνω την πράξη. Κατεβαίνω στην αγορά. Δε φεύγω τώρα. Στη γιορτή του τον φιλάω και του λέω χρόνια πολλά. Δεν πηγαίνω αύριο.

9
> Βλέπω τους ... δρόμους (φαρδύς).
> Βλέπω τους φαρδιούς δρόμους.

Στις πόλεις υπάρχουν ... και ... δρόμοι (μεγάλος, φαρδύς), ... και ... φορτηγά (βαρύς, ψηλός) και ... και ... γήπεδα (πλατύς, φαρδύς), στα χωριά υπάρχουν ... και ... αγελάδες και ... και ... πρόβατα (πολύς, παχύς). Στο τσίρκο μας έχουμε ... καθρέφτες (πλατύς), ... σκηνές (ψηλός), ... και όχι ... αλλά ... μπάγκους (μακρύς, φαρδύς, χαμηλός). Στο ταμείο μας, μπροστά από τη σκηνή έχει και ... και ... εισιτήρια (φτηνός, ακριβός).

10
> Διαβάστε και μάθετε απέξω.
> Ι. Στο καφενείο

Στέλιος: ΄Ελα να παίξουμε κανένα τάβλι, Απόστολε!
Απόστολος: ΄Επαιξα πέντε παρτίδες με το Δημήτρη. Βαρέθηκα. ΄Εχω
    άλλη δουλειά τώρα. Ρώτησε τον ξένο εδώ, μήπως ξέρει.
Στέλιος: Καλή ιδέα. Πώς σε λένε;
΄Ανζελμ: ΄Ανζελμ.

Στέλιος: Τάβλι παίζεις;
Ανζελμ: Όχι, αλλά θέλω να μάθω. Δείξτε μου, αν θέλετε.
Στέλιος: Έλα, θα σου το μάθω.
Ανζελμ: Ευχαριστώ πολύ. Πώς παίζεται;
Στέλιος: Έχει πολλά παιχνίδια. Ας αρχίσουμε με το πιο γνωστό. Λέγεται «Πόρτες».
Ανζελμ: Για να βγω ή για να μπω;
Στέλιος: Αναλόγως. Λοιπόν: Βάλε τα πούλια στη θέση τους, όπως τα έχω εγώ, και παίξε τα δυο ζάρια.
Ανζελμ: Δύο έξι.
Απόστολος: Εξάρες τα λέμε. Καλή αρχή, Ανζελμ! Είσαι πολύ τυχερός.
Στέλιος: Ας τον, Απόστολε! Εσύ δεν είπες ότι είχες δουλειά; Λοιπόν, με τις εξάρες σου θα προχωρήσεις τέσσερις φορές από έξι θέσεις προς αυτή την κατεύθυνση.
Ανζελμ: Εντάξει. Κατάλαβα. Ρίξε εσύ τώρα.

Στέλιος: Πέντε τέσσερα. Πρέπει να ανοίξω πόρτα.
Ανζελμ: Έξι πέντε.
Απόστολος: Μπράβο, τον έπιασες. Κλείσε την πόρτα του. Εκεί.
Στέλιος: Ας τον, σου λέω. Φύγε. Θα του το εξηγήσω εγώ.
Ανζελμ: Δεν πειράζει. Έτσι κι έτσι θα με κερδίσεις.
Απόστολος: Άκου να δεις, Ανζελμ, αν συνεχίσεις έτσι, θα τον φας λάχανο. Παίξε τώρα, Στέλιο!
Στέλιος: Άσσους. Πολύ ωραία.
Απόστολος: Ντόρτια ο Ανζελμ. Πιο ωραία.
Στέλιος: Δε μου λες; Ποιος παίζει, ο Ανζελμ ή εσύ;
Ανζελμ: Εγώ. Ριξ᾽ τα λοιπόν.
Στέλιος: Ένα δύο. Δεν πάω καλά.
Ανζελμ: Έτσι μου φαίνεται κι εμένα. Δεν πας καθόλου καλά.
Στέλιος: Το τέλος θα δείξει το νικητή. Άντε, ρίξε.
Ανζελμ: Πάλι εξάρες!
Στέλιος: Τι θα γίνει με σένα; Τάβλι παίζεις ή προπό;
Απόστολος: Στο προπό μόνο ένα και δύο χρειάζονται, ενώ τούτος εδώ όλο εξάρες φέρνει.
Στέλιος: Εσύ να μη μιλάς καθόλου. Τον βοηθάς καλά καλά και με κοροϊδεύεις κι από πάνω.
Ανζελμ: Τι θα γίνει; Παίζουμε τώρα ή μαλώνουμε;
Στέλιος: Παίξε, αν θέλεις μόνος σου. Εγώ τα παρατάω. Με κέρδισες.
Ανζελμ: Σε νίκησα δηλαδή;
Στέλιος: Μάλιστα. Αλλά κοίτα να δεις: ο νικητής κερνάει την παρέα.
Ανζελμ: Ευχαρίστως. Στους πελάτες από ένα ούζο, παρακαλώ. Και στην υγειά μας!

| II. Στο βενζινάδικο |

ο Χέλμουτ
ο Υπάλληλος

Χ.: Χρειάζομαι βενζίνη.
Υπ.: Σούπερ ή απλή;
Χ.: Απλή.
Υπ.: Δώστε μου το κλειδί να ανοίξω το ντεπόζιτο.
Χ.: Ορίστε. Κοιτάξτε, παρακαλώ, και τα λάδια και τα λάστιχα, αλλά λίγο σύντομα, αν γίνεται.

Υπ.: Μάλιστα. Ανοίξτε το καπό, παρακαλώ.

Χ.: Εντάξει όλα;

Υπ.: Σιγά σιγά. Μη βιάζεστε. Η βενζίνη είναι εντάξει. Χώρεσαν 37 λίτρα, και θέλετε μισό λίτρο λάδι.

Χ.: Εγώ να θέλω λάδι; Δε θυμάμαι. Μάλλον όχι. ... Α, η μηχανή; Μάλιστα. Βάλτε από το καλό, παρακαλώ.

Υπ.: Για τα λάστιχα προχωρήστε 20 μέτρα. Εκεί είναι το μηχανάκι για τον αέρα.

Χ.: Ευχαρίστως. Βάλτε πρώτα το λάδι και κλείστε το καπό.

Υπ. Πόση πίεση έχετε;

Χ.: Πίεση, πίεση; Μια στιγμή, να κοιτάξω στο λεξικό. Πίεση: Blutdruck. Έχω 10.

Υπ. Εδώ μιλάμε για το αμάξι σας.

11 | Übersetzung |

1. Setz dich, nimm das Programm und lies! Sei still oder hau ab! Kommen Sie bitte schnell hierher! Gebt es ihm sofort!
2. Laß ihn! Machen Sie die Tür zu! Iß Knoblauch und Zwiebeln so viel du willst! Trink dieses Glas und es geht dir besser.
3. Geh nicht hinein, bevor er «herein» gesagt hat! Lauf, beeil dich ein bißchen! Komm nicht zu früh, aber auch nicht zu spät!
4. Laßt uns noch ein bißchen was essen! Hier wollen wir unseren Urlaub verbringen! Sie sollen mal erst nach Hause kommen! Geh nicht so viel ins Kino! Er soll nicht so viel rauchen!

12 | Schreiben Sie Kurzszenen zu Themen aus folgenden Bereichen, wobei Sie mit Hilfe des Imperativs etwas heftiger werden können: |

Hotel: Störungen durch Krach im Nebenzimmer.
Bus: Fahrscheindiskussion à la Lektion 10 A.
Athen: Straßenauskunft à la Lektion 18 A.
Post: Brief-, Karten- und Paketverschickung à la Lektion 15 A.

13 | Παίξτε τώρα μια παρτίδα Πόρτες και ένα Πλακωτό! siehe S. 159 ff |

Σήκω, χόρεψε συρτάκι

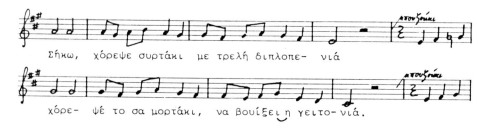

Σήκω, χόρεψε συρτάκι με τρελή διπλοπε- νιά

χόρε- ψέ το σα μορτάκι, να βουίξει η γειτο- νιά.

Σήκω, χόρεψε συρτάκι
με τρελή διπλοπενιά
χόρεψέ το σα μορτάκι,
να βουίξει η γειτονιά.

Έλα, πιάσε με απ' τον ώμο
κι όπα πρώτα το δεξί
κι αν μου κουραστείς στο δρόμο
θα σε βάλω σε ταξί.

Θέλω κέφια, θέλω γέλια
κι η φωνή μου ν' ακουστεί·
απ του μπουζουκιού τα τέλια
έχω απόψε κρεμαστεί.

Όσα κι αν μου πουν, πληρώνω
και κεράστε τα παιδιά
θέλω να σε καμαρώνω
όλη τούτη τη βραδιά.

μουσική: Γ. Ζαμπέτας
στίχοι: Α. Σακελλαρίου

Steh auf und tanz Sirtaki

Steh auf und tanz Sirtaki
mit den tollen Busukiklängen
tanz ihn wie ein Schlitzohr
bis die ganze Gegend dröhnt.

Komm, faß mich an der Schulter,
und auf geht's, zuerst das rechte (Bein)
und wenn du auf der Strecke bleibst,
bringe ich dich mit dem Taxi nach Hause.

Ich will gute Laune, Lachen
und daß meine Stimme erklingt,
an den Saiten des Busuki
bin ich heute aufgehängt.

Was auch die Rechnung besagt, bezahle ich
und gebt auch den anderen einen aus.
Ich will mich an deinem Tanz erfreuen,
den ganzen Abend lang!

19 D Καινούριες λέξεις

το θέαμα	Spektakel, Schauspiel
η παράσταση	Vorstellung
λίγο πιο πέρα	etwas weiter
«ακατάλληλον δι᾽ ανηλίκους»	für Kinder und Jugendliche nicht geeignet
ξακουστός	bekannt
ο μπουζουκτσής	Busukispieler
ο ταχυδαχτυλουργός	Taschenspieler, Zauberer
το κορμί	Körper
βαρύς	schwer
το βάθος	Tiefe, Hintergrund
δαγκώνω	beißen
η κούνια	Schaukel
κάνω κούνια	schaukeln
το κλαδί	Ast
η ζούγκλα	Dschungel
μαγικός	magisch
το μπόι	Wuchs, Größe
μακρύς	lang, weit
παχύς	fett
φαρδύς	breit
ανάποδος	umgekehrt, verkehrt

Zu 19 B:

το ξύλο	Holz, auch Schläge
βράζω	kochen
βαθύς	tief
πλατύς	breit

zu 19 C:

το πανηγύρι	Fest, Kirmes, Jahrmarkt
ο κράχτης	Ausrufer
το λούνα παρκ	Kirmesplatz
τίμιος	ehrlich
η άκρη	Ende, Rand, Spitze
βρίσκω άκρη	ein Ende finden
ήσυχος	ruhig
η θεωρία	Theorie
η πράξη	Praxis, Tat
η γιορτή	Fest, Namenstag
χρόνια πολλά!	viele Jahre!
το γήπεδο	Stadion

η αγελάδα	Kuh
το πρόβατο	Schaf
το τσίρκο	Zirkus
η σκηνή	Bühne
ο μπάγκος	Bank (zum Sitzen)
η παρτίδα	Partie
η ιδέα	Idee
γνωστός	bekannt
«οι πόρτες»	«die Türen»
αναλόγως	Spielart beim Tavlispiel je nachdem
το πούλι	Spielstein
τυχερός	glücklich, vom Glück begünstigt
η κατεύθυνση	Richtung
πειράζει	es macht was aus
τρώω κάποιον λάχανο	einen Kantersieg landen
ο άσσος	As (Eins beim Würfeln)
ντόρτια	«Doppelvierer» beim Würfeln
ο νικητής	Gewinner
άντε!	auf gehts!
το προπό	Toto
κοροϊδεύω	anschmieren, verspotten, auslachen
μαλώνω	sich streiten
παρατάω	etwas aufgeben
νικάω	gewinnen, besiegen
το βενζινάδικο	Tankstelle
η βενζίνη	Benzin
το σούπερ	Superbenzin
η απλή	Normal (benzin)
το κλειδί	Schlüssel
το ντεπόζιτο	Tank
το λάδι	Öl
το λάστιχο	(Gummi)reifen
σύντομα	schnell, bald
το καπό	Motorhaube
το λίτρο	Liter
το μηχανάκι	Apparat
η πίεση	Druck, Luftdruck, Blutdruck

20 A Lektion 20

Στη γιορτή του Ευγένη ...

ο Λέανδρος
ο Νίκος

Λ.: Αύριο θα γιόρταζε ο Ευγένης, θα πηγαίναμε όλοι μας, θα μας κερνούσε ωραίους μεζέδες, θα του λέγαμε τα «χρόνια πολλά», η γιαγιά ...

Ν.: Και γιατί δε θα γιορτάσει ...

Λ.: ... θα έλεγε στον καθένα τις ευχές της, το «εις ανώτερα» στον Τάκη, τα «καλά στέφανα» στη Χαρούλα ...

Ν.: Όχι, λάθος, στην Παναγιώτα τα έλεγε πάντα.

Λ.: Δεν πειράζει.

Ν.: Μα γιατί δε θα γιορτάσει ...

Λ.: ... τα «καλά στέφανα» στη Χαρούλα, το «καλή επιτυχία» στο Γιωργάκη για τις εξετάσεις του, ...

Ν.: Μα δεν πέρασε ακόμα ο Γιωργάκης τις εξετάσεις του;

Λ.: Πώς δεν τις πέρασε, αλλά θα έχει κι άλλες κι άλλες, τέτοιου είδους ευχές της γιαγιάς είναι πολύτιμες.

Ν.: Μα δε μου είπες ακόμα, γιατί δε ...

Λ.: Θα ήταν και οι δυο παππούδες, ο μπαμπάς της Σοφίας και ο μπαμπάς του Ευγένη. Θα έλεγαν πως είναι καλά παιδιά τα εγγονάκια, ακούν τη μαμά τους και το μπαμπά τους, και γιαυτό τα αγαπάνε όλοι· η Αγγελική θα βρει έναν καλό γαμπρό· ο Αχιλλέας θα έβρισκε σίγουρα μια δουλειά, αν ήταν πιο ευγενικός ...

Ν.: Καλά οι γιαγιάδες και οι παππούδες, μα θα μου πεις επιτέλους γιατί δε θα γιορτάσει αύριο ο Ευγένης και γιατί δε θα γίνει τίποτα από αυτά που είπες;

Λ.: Κρίμα δεν είναι; Θα τραγουδούσαμε τα παλιά μας τα τραγούδια, θα χορεύαμε κανέναν καλαματιανό ή τσάμικο· αν ερχόταν κι ο Ηλίας θα μας έπαιζε Καραγκιόζη και θα σπάζαμε πλάκα, θα πίναμε ένα ωραίο κρασάκι στην υγειά του ...

Ν.: ... ναι, ναι, ναι. Θα συναντούσαμε τον προϊστάμενο του Ευγένη με όλο του το ύφος, το φούρναρη από τη γειτονιά, το μπακάλη από τη γωνία, τον Αδάμ και την Εύα. Σε ποιον τα λες αυτά, Λέανδρε; Εγώ δεν ξέρω πώς περνάμε στις γιορτές του Ευγένη; Αλλά ...

Λ.: Βλέπεις πως τα θυμάσαι κι εσύ; Αυτές οι γιορτές του Ευγένη, αξέχαστες ...

Ν.: Θα με σκάσεις επιτέλους βρε Λέανδρε! Κάνεις σα να έπαθε κάτι ο Ευγένης.

Λ.: Μα δεν ξέρεις λοιπόν;

Ν.: Δύο ώρες σε ακούω, αλλά ακόμα δεν κατάλαβα ...

Λ.: ... πως όλα αυτά θα τα κάναμε, αν ο Ευγένης δεν έφευγε στο εξωτερικό;

Ν.: Και γιατί πήγε ο Ευγένης τόσο μακριά;

Λ.: Γιατί μόνον έτσι θα αποφύγει τη φασαρία στη γιορτή του!

Πληροφορίες

— Τα Χριστούγεννα θα στολίσουμε το χριστουγεννιάτικο δέντρο.
— Την Πρωτοχρονιά θα κόψουμε την πίτα και θα δούμε σε ποιον θα πέσει το φλουρί. Αυτός θα είναι ο τυχερός της νέας χρονιάς. Επίσης θα παίξουμε χαρτιά και θα ανταλλάξουμε δώρα, που τα φέρνει... ο Αη-Βασίλης.
— Την Αποκριά θα χορέψουμε και θα γλεντήσουμε ντυμένοι καρναβάλια.
— Την Καθαρά Δευτέρα θα κάνουμε την πρώτη ανοιξιάτικη εκδρομή, θα φάμε νηστίσιμα και θαλασσινά, γιατί αρχίζει η Μεγάλη Σαρακοστή του Πάσχα.
— 25 Μαρτίου είναι εθνική γιορτή στην Ελλάδα. Οι Έλληνες γιορτάζουν την επανάσταση του 1821, που ήταν η αρχή για την απελευθέρωσή τους από τους Τούρκους.
— Το Πάσχα, που είναι η πιο μεγάλη ελληνική γιορτή, θα βάψουμε κόκκινα αυγά και θα ψήσουμε το αρνάκι στη σούβλα.
— Την Πρωτομαγιά θα βγούμε από τις πόλεις στην εξοχή και θα γιορτάσουμε την άνοιξη.
— 15 Αυγούστου, η Κοίμηση της Παναγίας, είναι επίσης μεγάλη γιορτή στην Ελλάδα.
— 28 Οκτωβρίου, ακόμα μια εθνική γιορτή. Γιορτάζεται η 28η Οκτωβρίου του 1940, όταν οι Έλληνες είπαν το «όχι» στο φασισμό.
— Κάθε Έλληνας και Ελληνίδα γιορτάζει την ονομαστική του γιορτή μια μέρα του χρόνου: Ο Δημήτρης και η Δημητρούλα στις 26 Οκτωβρίου, ο Κώστας και η Ελένη στις 21 Μαΐου, ο Νίκος και η Νίκη στις 6 Δεκεμβρίου, η Μαρία, η Μαριάννα, η Μαριλένα, ο Παναγιώτης, η Παναγιώτα και η Δέσποινα στις 15 Αυγούστου (της Παναγίας), ο Ευγένης και η Ευγενία στις 24 Δεκεμβρίου, ο Βασίλης την 1 Ιανουαρίου, ο Γιάννης στις 7 Ιανουαρίου, ο Γιώργος στις 23 Απριλίου, ο Θεόδωρος στις 10 Μαρτίου, ο Σταύρος στις 14 Σεπτεμβρίου, ο Μιχάλης στις 8 Νοεμβρίου, η Κατερίνα στις 25 Νοεμβρίου, ο Αντρέας στις 30 Νοεμβρίου, ο Λεφτέρης στις 15 Δεκεμβρίου, ο Χρήστος στις 25 Δεκεμβρίου (Χριστούγεννα) και ο Αρχιμήδης, ο Σωκράτης, ο Περικλής, η Πηνελόπη, ο Οδυσσέας, ο Τηλέμαχος και ο Αριστοτέλης των Αγίων Πάντων στις 17 Ιουνίου.

20 B

Die Partikel θα kennzeichnet nicht nur das Futur, sondern **in Verbindung mit dem Paratatikos:**

1. den KONDITIONALIS:

in der Regel deutsche Konjunktivsätze vor allem als Höflichkeitsform bei Fragen und in Wunschsätzen.

Beispiele:

— θα ήθελα ένα πηρούνι κι ένα μαχαίρι
  ich hätte gern eine Gabel und ein Messer

— τώρα θα έπινα ευχαρίστως έναν καφέ
  ich würde jetzt gerne einen Kaffee trinken

— θα προτιμούσα ρετσίνα
  ich würde lieber Retsina trinken = ich würde Retsina vorziehen

2. den irrealen Bedingungssatz:

Paratatikos auch im bedingenden Satz.
Die im Deutschen signifikante Unterscheidung der Zeitstufe bleibt im Griechischen in der Regel unberücksichtigt.

Beispiele:

— αν έβρεχε, θα έπαιρνα ομπρέλα μαζί μου
  a) wenn es regnen würde, würde ich den Schirm mitnehmen
  b) wenn es geregnet hätte, hätte ich den Schirm mitgenommen

— αν ήταν πλούσιος, θα της αγόραζε μια βίλλα στη θάλασσα
  a) wenn er reich wäre, würde er ihr eine Villa am Meer kaufen
  b) wenn er reich gewesen wäre, hätte er ihr eine Villa am Meer gekauft

— αν ήμουν στην Αθήνα, θα πήγαινα και στη Θεσσαλονίκη
a) wenn ich in Athen wäre, ginge ich auch nach Saloniki
b) wenn ich in Athen gewesen wäre, wäre ich auch nach Saloniki
gefahren.

(Anmerkung: θα kann auch im αν-Satz zusätzlich stehen: αν θα έβρεχε...)

Κάνεις σα να έπαθε κάτι ο Ευγένης.

— σα να mit Indikativ: **als ob** (Verneinung: μη(ν))

Κάνει σα να μην καταλαβαίνει τίποτα
er tut so, als verstünde er nichts.

- 118 -

20 C Ασκήσεις

1 — Πώς περνούσαμε στις γιορτές του Ευγένη;
— Ποιος πήγαινε πάντοτε στη γιορτή του Ευγένη;
— Τι κερνούσε ο Ευγένης στη γιορτή του;
— Τι λέει κανείς σε κάποιον που γιορτάζει;
— Τι ευχές έλεγε συνήθως η γιαγιά στη γιορτή του Ευγένη;
— Και τι έλεγαν οι παππούδες;
— Τι έκανε ο Ηλίας στη γιορτή του Ευγένη;
— Και τι κάναμε εμείς οι άλλοι;
— Ποιους συναντούσαμε συνήθως, όταν πηγαίναμε στη γιορτή του Ευγένη;
— Θα γίνει η γιορτή του Ευγένη;
— Μήπως έπαθε τίποτε ο Ευγένης;
— Γιατί έφυγε τόσο μακριά ο Ευγένης;
— Εσείς γιορτάζετε την ονομαστική σας γιορτή;
— Πότε έχετε γενέθλια;
— Τι κάνετε στα γενέθλιά σας;
— Ποιες γιορτές είναι οι ίδιες στην Ελλάδα και στη Γερμανία;
— Παίζετε και εσείς χαρτιά την Πρωτοχρονιά;
— Ψήνετε αρνί στη σούβλα το Πάσχα;
— Πώς γιορτάζετε την Πρωτομαγιά;
— Τι ευχές λέτε σε κάποιον που γιορτάζει; (ελληνικά, παρακαλώ!)
— θα σας άρεσε, αν θα παίρνατε πολλά δώρα στα γενέθλιά σας;
— κτλ. (και τα λοιπά).

2 | Αύριο θα γιόρταζε ο Ευγένης.
Αύριο θα γιορτάσει ο Ευγένης.

Αύριο θα πηγαίναμε όλοι μας στη γιορτή του Ευγένη, θα μας κερνούσε ωραίους μεζέδες και θα του λέγαμε τα χρόνια πολλά. Θα ήταν και οι δυο παππούδες και θα άρχιζαν με τη σοφία τους: Ο Αχιλλέας θα έβρισκε σίγουρα μια δουλειά. Θα τραγουδούσαμε τα παλιά μας τα τραγούδια, θα χορεύαμε κανέναν καλαματιανό, ο Ηλίας θα μας έπαιζε Καραγκιόζη και θα πίναμε ένα ωραίο κρασάκι. Θα συναντούσαμε τον προϊστάμενο του Ευγένη και το μπακάλη από τη γωνιά. Θα περνούσαμε ωραία στη γιορτή του Ευγένη. Όλα αυτά θα τα κάναμε, αν ο Ευγένης δεν έφευγε στο εξωτερικό.

3 | Αύριο... ο Ευγένης, αν δεν ήταν στο εξωτερικό
(γιορτάζω).
Αύριο θα γιόρταζε ο Ευγένης, αν δεν ήταν στο εξωτερικό.

— Τί ... ο κόσμος, αν δεν υπήρχαν βιβλία (διαβάζω);
— Πώς θα άκουγε η κυρά Ειρήνη τον άντρα της, αν δεν ... αυτός δυνατή
φωνή (έχω);
— Πόσο πιο φτηνό ... το κρασί, αν το πουλούσαν χύμα (είμαι)!
— Το καλοκαίρι ... στην Ελλάδα, αλλά δεν έχουμε αρκετά λεφτά
(πηγαίνω).
— Τι ... στη γιορτή του Βαγγέλη! Η Κική ..., ο Τάσος ... μπουζούκι, η
Μαρία ... (γίνομαι, τραγουδάω, παίζω, χορεύω)!
— Αν ... οι φίλοι μου από τη γιορτή μου, δε ... ωραία (λείπω, περνάω).
— Τι ... απόψε για ένα ποτηράκι κρασί (λέω);

4 | Βρέχει | παίρνω ομπρέλα.
Αν έβρεχε, θα έπαιρνα ομπρέλα.

— Έχει ταξί | φτάνω πιο γρήγορα.
— Κάνει ζέστη | θέλουμε ένα μεγάλο καπέλο.
— Τρώω ξερά παξιμάδια | πονάνε τα δόντια μου.
— Έχουν χρήματα | αγοράζουν καινούριο σπίτι.
— Της γράφει συχνά | του γράφει κι εκείνη.
— Πάω στην ταβέρνα | τρώω και πίνω καλύτερα.
— Βρίσκεις εισιτήριο | πηγαίνεις στο θέατρο.
— Δε θέλει φασαρία | δε γιορτάζει.
— Γιορτάζει | κερνάει ωραίους μεζέδες.
— Θέλει η Μαριάννα | πηγαίνουμε στην Αίγινα.
— Παίζει μουσική | χορεύουμε και τραγουδάμε.
— Είσαι παππούς | είσαι σοφός.
— Είναι γιαγιά | δίνει ευχές.

5 | Ändern Sie in 12 A die Verbformen der Zukunft so, daß die
feste Annahme des zukünftigen Geschehens in den Aussagen
von Michalis lediglich zur Äußerung einer Möglichkeit wird:
Αύριο θα πηγαίναμε στη θάλασσα. Θα ήταν ...

6 | Auch Andromachi aus 14 C 8 hat vergessen, daß heute Sonntag und alles unwirklich ist.

7 | Setzen Sie folgende Sätze fort:

— Αν δεν είχε ούτε αυτοκίνητα ούτε τρόλεϊ η Αθήνα ...
— Αν δεν είχα το μάθημα των νεοελληνικών ...
— Αν δεν είχε θάλασσα η Ελλάδα ...
— Αν δεν είχαμε ΄Ελληνες στη Γερμανία ...
— Αν ήμουν πλούσιος (πλούσια) ...
— Αν γιόρταζα αύριο ...

8 | Spielanleitung:

Sie diskutieren mit ihrem griechischen Freund/ Freundin, was geschähe, wenn Sie die Personen und Orte, die Sie in Griechenland gewöhnlich im Sommer besuchen, plötzlich über die Weihnachts- und Neujahrszeit besuchen würden. Ihr griechischer Freund sieht weniger Unterschiede als Sie. Dabei spielen neben Vermutungen über das Wetter auch Festbräuche zu Weihnachten in Deutschland bzw. zu Ostern in Griechenland eine Rolle.

Κυρά Γιώργαινα

Κυρά Γιώργαινα, ο Γιώργος σου πού πάει ; για πού τό'βαλε και
πού το ξενυχ- τάει ; έβαλε το σκούρο του, άναψε το πούρο του,
μπήκε στο αμάξι του, και εν- τάξει του. Ο Γιώργος είναι
πονη- ρός κι αυτά που λέει μην τα τρως κι από τις έντεκα
κι εμ- πρός κυκλοφο- ράει για γαμ- πρός· ο Γιώργος
ράει για γαμ- πρός.

μουσική: Γ. Κατσαρός
στίχοι: Πυθαγόρας

Κυρά Γιώργαινα, ο Γιώργος σου πού πάει;
για πού τό 'βαλε και πού το ξενυχτάει;
έβαλε το σκούρο του,
άναψε το πούρο του,
μπήκε στο αμάξι του,
και εντάξει του.

Ο Γιώργος είναι πονηρός
κι αυτά που λέει μην τα τρως
κι από τις έντεκα κι εμπρός
κυκλοφοράει για γαμπρός.

Κυρά Γιώργαινα, στο λέω υπευθύνως,
ο Γιωργάκης σου είναι ένας θεατρίνος,
για δουλειά σου μίλησε
πονηρά σε φίλησε
κι η αυγούλα μύρισε
και δε γύρισε.

Ο Γιώργος είναι πονηρός ...

Frau Jórgena

Frau Jórgena, wo geht denn dein Jorgos hin?
Wohin steht sein Sinn und wo treibt er sich nachts herum?
Er zog den Dunklen (Anzug) an,
zündete sich seine Zigarre an,
setzte sich in seinen Wagen,
und alles war o.k.

Der Jorgos, der ist schlau
und was er sagt, darfst du nicht wörtlich nehmen
ab 11 Uhr
kommt er als Freier daher.

Frau Jórgena, ich sag's dir offiziell,
dein Jorgakis ist ein Angeber,
bei dir sprach er von Arbeit,
voll Berechnung küßte er dich,
das Morgengrauen brach an,
und er war immer noch nicht wieder da.

Der Jorgos der ist schlau ...

20 D Καινούριες λέξεις

γιορτάζω	feiern, Namenstag feiern	τα χαρτιά	hier: Karten
η ευχή	Wunsch	ανταλλάζω	austauschen
«εις ανώτερα»	«auf ein Höheres» (= eine weitere gute Karriere)	Ο Αη-Βασίλης	der heilige Basilios (= Weihnachtsmann)
«καλά στέφανα»	«gute (Hochzeits) kränze» (=baldige und gute Heirat)	η αποκριά	Karneval, Fasching
		ντυμένος	angezogen (hier: verkleidet)
οι εξετάσεις	Prüfungen	τα καρναβάλια	«Jecken», Narren
περνάω τις εξετάσεις	Prüfungen bestehen	η Καθαρά Δευτέρα	«reiner Montag» (1.) Fastentag nach
πολύτιμος	wertvoll		Karneval)
το εγγόνι	Enkel	ανοιξιάτικος	Frühlings-
το εγγονάκι	«Enkelchen»	η εκδρομή	Ausflug
ευγενικός	höflich	τα νηστίσιμα	Fastenspeisen
ο καλαματιανός	der Tanz Kalamatianos	τα θαλασσινά η Μεγάλη	Meereskleingetier große Fastenzeit
ο τσάμικος	der Tanz Tsamikos	Σαρακοστή το Πάσχα	(vor Ostern) Ostern
σπάζω πλάκα	«Stein zerbrechen» (= hoch hergehen,	η επανάσταση	Revolution, Aufstand
	sich erfreuen, sich amüsieren	η απελευθέρωση ο Τούρκος	Befreiung Türke
συναντάω	treffen	βάφω	färben
ο προϊστάμενος	Vorgesetzter, Chef	ψήνω η σούβλα	braten Spieß
το ύφος	Stil, hier: vornehmes Gehabe	η Πρωτομαγιά στην εξοχή	1. Mai auf dem Land
η γειτονιά	Nachbarschaft	η κοίμηση	Grablegung
αξέχαστος	unvergeßlich	της Παναγίας	Mariae
σκάνω	platzen, platzen lassen	η Παναγία	Himmelfahrt «Allerheiligste»
σα να	als ob		≙ Mutter Gottes
αποφεύγω	entgehen, entkommen	ο φασισμός η ονομαστική	Faschismus Namenstag
η πληροφορία	Information	γιορτή	
τα Χριστούγεννα	Weihnachten	των Αγίων Πάντων	Allerheiligen
στολίζω	schmücken		
χριστουγεννιάτικος	weihnachtlich	**zu 20 B:**	
το δέντρο	Baum	το πιρούνι	Gabel
η Πρωτοχρονιά	Neujahr	η βίλλα	Villa
το φλουρί	Goldmünze	χύμα	offen, lose,
το χαρτί	Papier		nicht verpackt

21 A Lektion 21

Μας λέτε γκασταρμπάιτερ ...

Ο κύριος Γιώργος δούλευε στο Φορντ της Κολωνίας. Κάθε πρωί πήγαινε κανονικά στη δουλειά του, καμιά φορά είχε και βάρδιες, δούλευε δηλαδή όλη τη νύχτα και κοιμόταν την ημέρα. Αλλά τι ύπνος ήταν αυτός! Μέσα στο θόρυβο και στη φασαρία του σπιτιού. Μπορούν τα παιδιά να κάθονται όλη την ημέρα ήσυχα ήσυχα και να παίζουν τόσο σιγά, ώστε να μην ενοχλείται «ο καημένος ο πατέρας»; Ασφαλώς δε μπορούν. Βάσανο είναι αυτές οι βάρδιες.

Χτες μου διηγήθηκε τα παράπονά του: ΄Ακου, μου λέει, προχτές, που είχα φτάσει νωρίς στη φάμπρικα, με φώναξε το αφεντικό και μου είπε: Δε σου έχω πει τόσες φορές να είσαι πιο προσεχτικός με τα μηχανήματα; Πάλι χάλασε το μηχάνημα που δουλεύεις εσύ, πάλι χρειάζεται μάστορας για να το φτιάξει. Τι κατάσταση είναι αυτή; Εγώ δεν έμεινα πίσω και του απάντησα: Πρώτον, κάνετε λάθος στο πρόσωπο. Εγώ είμαι ο Γιώργος από τα Φάρσαλα της Θεσσαλίας, έχω τώρα δώδεκα χρόνια εδώ στη Γερμανία ως γκασταμπάιτερ, όπως μας λέτε εσείς. Δε μπορείτε να μου κάνετε εμένα τέτοιες δουλειές! Ουδέποτε έχω χαλάσει εγώ ούτε μηχάνημα ούτε μηχανή ούτε μηχανάκι, ούτε χτες ούτε προχτές ούτε ποτέ. Δεύτερον, τι φταίμε εμείς, αν εσείς έχετε στη φάμπρικά σας τόσο ευαίσθητα και λεπτά μηχανήματα, τα οποία χαλάνε με το πρώτο; Καλά μηχανήματα δε χαλάνε τόσο εύκολα. Δώστε μας τέτοια, και θα δείτε προκοπή! Αυτός τίποτα. Στο τέλος μου λέει: Καλά καλά· είσαι ο καλύτερος εργάτης, μη στενοχωριέσαι! Πες μου, όμως, ποιος χάλασε το μηχάνημα; Εγώ θύμωσα, που ήθελε να με κάνει και προδότη και του λέω: Τρελός είμαι εγώ να αναφέρω το Χάιντς, πως ... Τι έχω τραβήξει μ᾽ αυτά τα αφεντικά, δε λέγεται. Με τέτοια κόλπα εμένα με σκοτώνεις, εγώ είμαι καλός άνθρωπος, όχι σαν αυτούς τους πονηρούς, που κάθε τόσο καταφέρνουν και μας κάνουν άνω κάτω ...

21 B Perfekt und Plusquamperfekt:

An den **Aoriststamm** des Aktivs bzw. Passivs wird die **Endung -ει** angehängt. Dieses -ει wird betont (-εί), wenn der Indikativ Aorist auf -ηκα endet.

Präsens	Aor. Indik.	Aoriststamm	Perfekt
διαβάζω	διάβασα	διαβασ-	έχω διαβάσει
τρώω	έφαγα	φα-	έχω φάει
βλέπω	είδα	δ-	έχω δει
ανεβαίνω	ανέβηκα	ανεβ-	έχω ανεβεί
πλένομαι	πλύθηκα	πλυθ-	έχω πλυθεί
ντρέπομαι	ντράπηκα	ντραπ-	έχω ντραπεί

Konjugiert wird mit **έχω** für das Perfekt,
είχα für das Plusquamperfekt.

Beispiele:							
έχω φάει	είχα	διαβάσει	έχω	πλυθεί	είχα	ντραπεί
έχεις φάει	είχες	διαβάσει	έχεις	πλυθεί	είχες	ντραπεί
έχει φάει	είχε	διαβάσει	έχει	πλυθεί	είχε	ντραπεί
έχουμε φάει	είχαμε	διαβάσει	έχουμε	πλυθεί	είχαμε	ντραπεί
έχετε φάει	είχατε	διαβάσει	έχετε	πλυθεί	είχατε	ντραπεί
έχουν φάει	είχαν	διαβάσει	έχουν	πλυθεί	είχαν	ντραπεί

■ Das griechische **Perfekt** ist selten und hat mit dem **Gebrauch** des deutschen Perfekts kaum etwas gemeinsam. Das Perfekt bezeichnet eine Handlung, die schon in der Vergangenheit abgeschlossen war und noch in der Gegenwart gültig ist.
Das Perfekt kann manchmal den Aorist, nie aber den Paratatikos ersetzen.

— Έφαγες; Ναι, έχω φάει. Όχι δεν έφαγα. (Όχι, δεν έχω φάει ακόμη.)

— Έχω πάει πολλές φορές στην Ελλάδα και πηγαίνοντας κάθε φορά περνούσα από τη Γιουγκοσλαβία.

— Έχετε έρθει και άλλη φορά στα Γιάννενα; Ναι, και πέρυσι πέρασα από εδώ.

— 'Εχει δώσει πολλές φορές εξετάσεις στο ελληνικό πανεπιστήμιο, αλλά δεν πέρασε και γιαυτό ήρθε φέτος στη Γερμανία.

— Ο γιος του έχει γραφτεί στο γυμνάσιο και παρακολουθεί τώρα την τρίτη τάξη.

— 'Ολα έχουν αλλάξει εδώ, οι άνθρωποι, το περιβάλλον, τα πάντα.

— Μου το έχεις γράψει τόσες φορές και πάλι δεν το θυμάμαι.

■ Das **Plusquamperfekt** drückt in der Regel die Vorzeitigkeit vor einer Handlung in der Gegenwart oder Vergangenheit aus:
Είχε πάρει κιόλας την απόφασή του, να πει την αλήθεια, και κανείς δεν του άλλαζε πια γνώμη.

■ **Futur des Perfekts:**
Θα έχεις μάθει όλα τα νέα, πριν έρθει ο Μανόλης.

■ **Konditionalis:**
Θα είχα φύγει αμέσως, αν είχα μάθει κάτι τέτοιο.
Ich wäre gleich weggegangen, wenn ich so etwas erfahren hätte.

Anmerkung: Deutscher Konditionalis der Vergangenheit wird im Griechischen in der Regel durch den Paratatikos wiedergegeben (siehe 20 B), der aber auch Gegenwart und Futur ausdrücken kann. Der Konditionalis mit dem Plusquamperfekt drückt aber nur Vergangenheit aus.

Weitere von der Form her als Partizipien anzusehende Verbalableitungen haben heute die Funktion von Adjektiven und werden deshalb von uns als solche behandelt.
Darunter fällt die Gruppe der sog. Partizipien des Passivs:

1. **Partizip Präsens Passiv** Endung: -όμενος, -όμενη, -όμενο vereinzelt auch: -άμενος bzw. -ούμενος	2. **Partizip Perfekt Passiv** Endung: -μένος, -μένη, -μένο
— οι λεγόμενες αποδοχές της εργαζόμενης νεολαίας die sogenannten Gehälter der arbeitenden Jugend — την ερχόμενη Κυριακή am kommenden Sonntag	— είμαστε όλοι κρυωμένοι wir sind alle erkältet — τους είδα στενοχωρημένους ich sah, (daß) sie deprimiert (waren) — μην είσαι λυπημένος sei nicht traurig!

21 C Ασκήσεις

1 Εξηγήστε καλύτερα τι είναι «βάρδιες».

Γιατί την ημέρα δεν μπορεί ο κύριος Γιώργος να κοιμηθεί καλά;
Γιατί το αφεντικό νόμισε πως ο κύριος Γιώργος χάλασε τη μηχανή;
Γιατί δεν την είχε χαλάσει ο κύριος Γιώργος;
Ποιος είχε χαλάσει τελικά τη μηχανή;
Ο κύριος Γιώργος είναι καλός ή πονηρός; Γιατί;

2 | Τρώω μουσακά.
'Εχω φάει πολλές φορές μουσακά. |

Αγοράζω καπέλο. Φέρνουμε παγωτό. Τους δίνουν ψωμί. Πηγαίνει σινεμά. Βλέπω τέτοια έργα. Μιλάμε γι' αυτό το κορίτσι. Δεν κοιμάται σε τέτοιο ωραίο κρεβάτι. Το σκέφτομαι κι εγώ. Το βρίσκω. Χαλάω το μηχάνημα. Πηγαίνω στην Ελλάδα.

3 | ... η Σοφία το νέο (μαθαίνω).
'Εχει μάθει η Σοφία το νέο; |

... εσύ φασολάδα σε ένα ελληνικό μοναστήρι (τρώω); Ο κύριος Γιώργος ... από τις πολλές βάρδιες (κουράζομαι). Η Κατερίνα και ο Περικλής ... σινεμά και θα γυρίσουν κατά τις 12 (πηγαίνω). 'Ολες οι λεπτές μηχανές ... (χαλάω). Η Μαρίνα ... κιόλας στο τρένο (ανεβαίνω). Εσείς πολλά ... και τίποτε δεν ... (λέω, κάνω). Αν ... αυτή την εφημερίδα ... όλα τα νέα (διαβάζω, μαθαίνω).

4 | Χάλασε το στομάχι του γιατί ..., προτού φάει (πίνω).
Χάλασε το στομάχι του, γιατί είχε πιει, προτού φάει. |

Πριν βγούμε, ... από τη Λούλα για να τη ρωτήσουμε, αν ήθελε νά 'ρθει μαζί μας (περνάω). Μόλις ... η λειτουργία, άρχισε να βρέχει (τελειώνω). Ο Βασίλης ... αρκετά το μεσημέρι, ώστε δεν τον πείραξε το ξενύχτι (κοιμάμαι). Η Τιτίκα τα ... όλα (μαθαίνω). Πήγαμε στο ξενοδοχείο, όπου μας ... τρία δωμάτια (κρατάω).

ΕΝΑ ΧΡΟΝΟ
ΣΤΟ ΝΗΠΙΑΓΩΓΕΙΟ,
ΕΞΗ ΧΡΟΝΙΑ
ΣΤΟ ΔΗΜΟΤΙΚΟ,
ΤΡΙΑ ΧΡΟΝΙΑ
ΣΤΟ ΓΥΜΝΑΣΙΟ,
ΤΡΙΑ ΧΡΟΝΙΑ
ΣΤΟ ΛΥΚΕΙΟ,
ΔΥΟ ΧΡΟΝΙΑ
ΣΤΑ ΦΡΟΝΤΙΣΤΗΡΙΑ,
ΕΞΗ ΧΡΟΝΙΑ
ΣΤΟ ΠΑΝΕΠΙΣΤΗΜΙΟ,
ΔΥΟ ΧΡΟΝΙΑ
ΣΤΟ ΣΤΡΑΤΟ...

5 | Διαβάστε και μεταφράστε: |

I. Νυρεμβέργη, 1972

Μαρία, 15 χρονών, μαθήτρια.

— Πηγαίνεις στο ελληνικό σχολείο ή στο γερμανικό;
— Στο γερμανικό δημοτικό.
— Ελληνικά μαθαίνεις καθόλου;
— Πώς, έχω πάει έξι χρόνια εδώ και στην Ελλάδα.
— Πώς ήτανε γενικά το κλίμα στο σχολείο, μαθαίνατε πολλά πράγματα;
— Όχι, δε μαθαίναμε πολλά, πολύ λίγα πράγματα. Οι δάσκαλοι είχαν προσωπικές συμπάθειες και ήταν και πολλά παιδιά τα οποία δε χώνευαν.
— Γιατί;
— Για διάφορα πράγματα. Μερικά απ' αυτά είχαν άσχημη συμπεριφορά, μερικά είχαν άλλες ιδέες.
— Τα σχολικά βιβλία τα πληρώνατε ή σας τα έκαναν δώρο;
— Όχι, δεν τα πληρώναμε, αλλά ούτε μας τα χάριζαν. Τα έδιναν να διαβάσουμε γι' αυτό το χρόνο και μετά τα ξαναγυρίζαμε.
— Γερμανικά κάνατε σ' αυτό το σχολείο;
— Κάναμε τέσσερις ώρες την εβδομάδα. Στο σχολείο πήγαινα κάθε μέρα. Δεν ήταν μακριά από το σπίτι και πήγαινα με τα πόδια. Είχε συγκοινωνία, αλλά ήταν τρεις στάσεις όλο κι όλο.
— Έκανες παρέα με άλλα Ελληνόπουλα;
— Σχεδόν με όλη την τάξη.
— Τι σκέφτεσαι να κάνεις όταν τελειώσεις το σχολείο;
— Θέλω να μάθω μια τέχνη. Μετά θα δούμε.
— Τι τέχνη θέλεις να μάθεις;
— Αρχιτεκτονικό σχέδιο, σχεδιάστρια.
— Στο γερμανικό το σχολείο έχει άλλα Ελληνόπουλα;
— Ναι, έχει άλλα οχτώ Ελληνόπουλα.
— Ξέρεις αν αυτά τα παιδιά έχουν δυσκολίες με τα μαθήματά τους;
— Ναι, έχουν πάρα πολλές δυσκολίες γιατί και οι περισσότεροι γονείς τους δε μπορούν να τα βοηθήσουν.
— Οι Γερμανοί οι δάσκαλοι κάνουν προσπάθειες για να τα καταλαβαίνουν καλύτερα τα παιδιά αυτά;
— Απ' όσους δασκάλους ξέρω, τα αγαπάν πολύ αυτά τα παιδιά, τα προσέχουν και βοηθάν από μέρους τους όσο μπορούν, για να τους τα

εξηγήσουν για να κάνουν τα γερμανικά, αλλά και όλα τα άλλα μαθήματα που κάνουν, πιο απλά, να τα καταλαβαίνουν. Δείχνουν πολύ μεγάλη φροντίδα.

— Τα παιδιά των Γερμανών πώς σας βλέπουν;

— Στη δικιά μας την τάξη είμαστε δύο αλλοδαπές, μία Ιταλίδα και εγώ. Εμάς μας βλέπουν, απ' ό,τι καταλαβαίνουμε, με καλό μάτι. Συζητάν μαζί μας τα προβλήματά μας. Τα άλλα παιδιά όμως που πηγαίνουν σε χαμηλότερες τάξεις, αυτά δεν περνάνε καλά, τα πιο πολλά δηλαδή. Δεν έχουν έρθει σε επαφή μαζί με τα Γερμανάκια. Όχι μόνο τα Ελληνόπουλα, αλλά και τα άλλα παιδιά των Ιταλών, Ισπανών, των Τούρκων. Προπαντός τα Τουρκάκια δεν έχουν καθόλου σχέσεις μαζί τους.

— Θέλεις να γυρίσεις στην Ελλάδα;

— Ναι. Οι Γερμανοί δε μ' αρέσουν. Σαν ανθρώπους δεν τους αγαπώ, διότι, να, είναι πολύ εγωιστές και νομίζουν ότι μόνο αυτοί υπάρχουν και κανείς άλλος. Γιαυτό δεν τους αγαπώ και τόσο...

II. Μόναχο, 1972

Εμείς ήρθαμε το '66, δεν έχουμε πολλά χρόνια. Να δούμε και πώς θα ξεμπλέξω εγώ από το μπελά που με βρήκε. Τι μπελά; Ε, είχα πάει προχτές να ψωνίσω και μπήκα και σ' ένα μεγάλο μαγαζί πιο πολύ να δω παρά να πάρω. Κι έτυχα στη στραβή την ώρα. Εγώ είχα πιάσει μια μπλούζα και την κρατούσα και γυρνούσα μέσα στο μαγαζί να δω που θα την πληρώσω. Πηγαίνω σε έναν ταμία που είδα, εδώ, μου λέει, πουλάμε καραμέλες —και πραγματικά γλειφιτζούρια πουλούσαν— να πας εκεί που είναι οι μπλούζες.

Πήγα λοιπόν προς τα εκεί και σταμάτησα στα γάντια που ήθελα. Εκειδά έρχεται ένας και με πιάνει, με τραβούσε, με κρατούσε σφιχτά από το μπράτσο και μιλούσε άγρια όπως οι Γερμανοί στην κατοχή. Εγώ παιδί ήμουν, μα θυμάμαι. Με πάει σ' ένα γραφείο, μου έδωσαν μια καρέκλα να κάτσω στη γωνία. Πάω ν' αφήσω στην καρέκλα τη μπλούζα, όχι, μου λένε, να την κρατάς. Εγώ φοβήθηκα τι διάολο θέλουν τώρα αυτοί, δεν πήγε ο νους μου. Όλοι με κοιτούσαν και γελούσαν και μιλούσαν κρυφά σαν να είχα ψείρες.

Ύστερα ήρθε ένας αστυνόμος και χωρίς να μου πει τίποτα —μόνο εκείνος ο ψηλός που μ' έπιασε φώναζε— μου λέει, τα χαρτιά σου. Του λέω, ποια χαρτιά, δεν έχω. Μου λέει πας, πας, διαβατήριο, που λέμε εμείς. Του λέω, δεν το έχω μαζί μου. Έδωσα τη μπλούζα πίσω. Μου λέει, υπόγραψε. Υπόγραψα ένα χαρτί που δεν ήξερα τι έγραφε και φύγαμε. Με πήγε στην αστυνομία, μου λένε, πού μένεις, λέω Χάουπτστράσσε, μου λένε, έχεις άντρα, λέω, έχω, μα τώρα δουλεύει, λένε, όταν γυρίσει, θα τον ειδοποιήσουμε να έρθει να σε πάρει. Περίμενα μέχρι το βράδι, ήρθε ο άντρας μου, του λένε, έκλεψε μια μπλούζα. Λέω, δεν την έκλεψα, την κρατούσα και γύρευα να την πληρώσω. Μου λένε, πως υπόγραψα πως την έκλεψα. Λέω, δεν ήξερα τι έγραφε το χαρτί. Μου λέει ο μεγάλος τους, και τότε πώς έβαλες υπογραφή; Και τώρα θα μου κάνουν δίκη, μα τι φταίω αφού δε μπορούσα να εξηγήσω, και αυτός ο Γερμανός ήταν άγριος σαν την κατοχή, σου λέω. Είμαι να σκάσω και ντρέπομαι κιόλας τον κόσμο. Αυτά παθαίνεις, όταν ζεις σε ξένο τόπο και δεν ξέρεις γρυ από γλώσσα, σε βγάζουν άψε-σβήσε κλέφτη. Όλοι θέλουμε να πάμε στην πατρίδα μας, αλλά κανείς δεν το κουνάει από εδώ. Άμα μπαίνεις στα σύνορα ο εύζωνας σου κάνει τεμενά και παραμέσα ο τελώνης σε γδύνει κι ο χωροφύλακας σε κοιτάζει σα να του σκότωσες τον πατέρα.

(Beide Texte aus: Γ. Ματζουράνης, Μας λένε γκασταρμπάιτερ, Athen 1977, 39 F und 68 f).

6 | Übersetzung

Durch die vielen Trauben, die ich vorgestern gegessen hatte, hatte ich mir gestern den Magen verdorben. Bevor ich zum Arzt ging, rief ich noch Maria an. Auch sie hatte sich erbrochen (κάνω εμετό) und war im Bett geblieben. So beschloß ich (αποφασίζω), zunächst selbst zum Arzt zu gehen und ihn zu bitten, zusammen mit mir auch bei Maria vorbeizuschauen. Als wir dort ankamen, war Maria gerade aufgestanden, hatte sich ein bißchen gewaschen und frisiert, war aber nicht in guter Laune (έχω κέφι). Der Arzt fragte sie, was sie vorgestern gegessen habe. Maria sagte, sie könne sich nicht mehr genau erinnern, sie glaube aber, sie hätte etwas getrunken, was merkwürdig geschmeckt habe (έχει γεύση). Ob sie sich noch an den Namen des Getränks erinnern könne, fragte der Arzt. Maria: Retsina.

Άρνηση

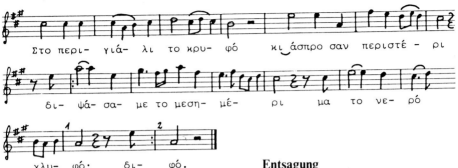

Στο περι- γιά- λι το κρυ- φό κι άσπρο σαν περιστέ - ρι

δι- ψά- σα- με το μεση- μέ- ρι μα το νε- ρό

γλυ- φό· δι- φό.

Entsagung

Στο περιγιάλι το κρυφό	An dem versteckten Strand
κι άσπρο σαν περιστέρι	so weiß wie eine Taube
διψάσαμε το μεσημέρι	bekamen wir Durst am Mittag
μα το νερό γλυφό.	doch das Wasser war fad.
Πάνω στην άμμο την ξανθή	Auf den goldenen Sand
γράψαμε τ' όνομά της,	schrieben wir ihren Namen;
ωραία που φύσηξεν ο μπάτης	wie schön wehte die Brise
και σβήστηκε η γραφή.	und die Schrift erlöschte.
Με τι καρδιά, με τι πνοή,	Mit welchem Mut, mit welcher
τι πόθους και τι πάθος	Kraft, welchen Wünschen und
πήραμε τη ζωή μας· λάθος!	Leidenschaft begannen wir
Κι αλλάξαμε ζωή.	unser Leben; Fehler! Und wir
	änderten das Leben.

μουσική: Μίκης Θεοδωράκης
στίχοι: Γιώργος Σεφέρης (siehe S. 153)

21 D Καινούριες λέξεις

η Κολωνία	Köln
κανονικός	normal, regelmäßig
οι βάρδιες	(Nacht)-schicht
σιγά	ruhig, leise, langsam
καημένος	arm
το βάσανο	Qual
το παράπονο	Beschwerde
η φάμπρικα	Fabrik
το αφεντικό	Chef
προσεχτικός	vorsichtig
το μηχάνημα	Maschine
πρώτον	erstens
το πρόσωπο	Person
ουδέποτε	nie
φταίω	schuld sein
ευαίσθητος	empfindlich
ο οποίος, η οποία, το οποίο	welcher (deklinierbares Relativpronomen)
με το πρώτο	beim ersten, sofort
ο εργάτης	Arbeiter
ο προδότης	Verräter
αναφέρω	erwähnen, melden
τραβάω	ziehen, erleiden
το κόλπο	Trick
πονηρός	schlau
κάθε τόσο	immer wieder
καταφέρνω	fertig bringen, (es) schaffen
κάνω άνω κάτω	durcheinanderbringen

zu 21 B:

το περιβάλλον	Umwelt
η απόφαση	Entschluß
η αλήθεια	Wahrheit
η γνώμη	Meinung
λεγόμενος	sogenannt
η αποδοχή	Gehalt
εργαζόμενος	arbeitend
η νεολαία	Jugend

ερχόμενος	kommend
κρυωμένος	erkältet

zu 21 C:

το σούπερ μάρκετ	Supermarkt
η φασολάδα	Bohnensuppe
το μοναστήρι	Kloster
η λειτουργία	Liturgie
το ξενύχτι	Aufbleiben, Nachtschwärmerei
το δημοτικό σχολείο	Volksschule
γενικός	allgemein
ο δάσκαλος	Lehrer
η δασκάλα	Lehrerin
προσωπικός	persönlich
η συμπάθεια	Sympathie
χωνεύω	verdauen, ausstehen können
διάφορος	verschieden
η συμπεριφορά	Benehmen
σχολικός	Schul-
ξαναγυρίζω	wiederzurückgeben
η συγκοινωνία	Verkehrsverbindung
όλο κι όλο	im ganzen
κάνω παρέα	befreundet sein
σχεδόν	beinahe
η τάξη	Klasse
αρχιτεκτονικός	Architektur-
η σχεδιάστρια	Zeichnerin
οι γονείς	Eltern
η προσπάθεια	Bemühung
προσέχω	aufpassen
από μέρους τους	ihrerseits
όσο	so gut, so viel
η φροντίδα	Sorge
αλλοδαπός	ausländisch, Ausländer
βλέπω με καλό μάτι	gewogen sein
συζητάω	sich unterhalten
χαμηλός	niedrig

η επαφή	Berührung	δεν πήγε ο νούς	konnte ich mir
τα Τουρκάκια	Türkenkinder	μου	nicht denken
ο εγωιστής	Egoist	κρυφά	heimlich
το νηπιαγωγείο	Kindergarten	η ψείρα	Laus
το γυμνάσιο	Gymnasium	ο αστυνόμος	Polizist
το λύκειο	Lyzeum	υπογράφω	unterschreiben
το φροντιστήριο	priv. Bildungs-einrichtung	ειδοποιώ	benachrichtigen
		γυρεύω	suchen, bitten
ο στρατός	Heer, Militär	η υπογραφή	Unterschrift
τόσον καιρό	so lange	η δίκη	Prozeß
ξεμπλέκω	sich herauswinden	σκάζω	platzen
το μαγαζί	Geschäft, Laden	ο τόπος	Ort, Platz
τυχαίνω	treffen, eintreten	δεν ξέρω γρυ	keine Ahnung
στραβός	verkehrt		haben
η μπλούζα	Bluse, Pulli	(στο) άψε-σβήσε	im Nu
γυρνάω	zurückgehen, zurückkehren	η πατρίδα	Heimat
		κουνάω	bewegen
ο ταμίας	Kassierer	το κουνάω	weggehen
η καραμέλα	Bonbon	ο εύζωνας	Evzone
το γλειφιτζούρι	Lutscher	ο τεμενάς	Verbeugung
το γάντι	Handschuh	παραμέσα	weiter drin
εκειδά	dort (betont)	ο τελώνης	Zollbeamter
σφιχτός	fest	ο χωροφύλακας	Gendarm
άγριος	wild	ο εμετός	Erbrechen
η κατοχή	Besetzung	κάνω εμετό	sich übergeben
η καρέκλα	Stuhl	αποφασίζω	sich entschließen
τι διάολο	was zum Teufel	η γεύση	Geschmack

Η σημερινή Ελλάδα

22 Lektion 22

Η σημερινή Ελλάδα

Γενικές πληροφορίες

Η Ελλάδα βρίσκεται στο νοτιοανατολικό άκρο της ευρωπαϊκής χερσονήσου. Προς βορράν συνορεύει με την Αλβανία (μήκος συνόρων 257,6 χλμ), με τη Γιουγκοσλαβία (244,6 χλμ) και με τη Βουλγαρία (497,9 χλμ). Βορειοανατολικά συνορεύει με την Τουρκία (215,45 χλμ). Δυτικά βρέχεται από το Ιόνιο πέλαγος, ανατολικά από το Αιγαίο και νότια από το Λυβικό.

Η χώρα διαιρείται στα εξής γεωγραφικά διαμερίσματα: Θράκη, Ανατολική Μακεδονία, Κεντρική Μακεδονία, Δυτική Μακεδονία, ΄Ηπειρος, Θεσσαλία, Στερεά Ελλάδα, Εύβοια, Πελοπόννησος, Κρήτη, Ιόνια Νησιά, Δωδεκάνησα, Κυκλάδες, Σποράδες, και Νησιά Ανατολικού Αιγαίου.

Διαιρείται επίσης σε 51 διοικητικά διαμερίσματα (νομούς), στο καθένα από τα οποία εκπροσωπείται το κράτος με τη μορφή όλων των Δημοσίων Υπηρεσιών, επικεφαλής των οποίων είναι ο νομάρχης.

Γεωγραφικά και πληθυσμιακά στοιχεία

Η επιφάνεια των ελληνικών εδαφών (ηπειρωτική και νησιά) φτάνει τα 131.944 τ.χλμ. Η μορφολογία του εδάφους είναι ορεινή με μικρές πεδιάδες και οροπέδια. Εξαίρεση αποτελούν οι κάμποι των Τρικάλων, της Λάρισας, Καρδίτσας, Θεσσαλονίκης, των Σερρών, της Ξάνθης, Κομοτηνής και Ηλείας.

Τα βουνά που ξεπερνούν σε ύψος τα 2.000 μέτρα είναι 28. Από αυτά υψηλότερα είναι ο ΄Ολυμπος (2.917 μ.), ο Σμόλικας (2.637 μ.), ο Βόρας (2.524 μ.), ο Γράμμος (2.520 μ.) και τα τρία στην οροσειρά της Πίνδου, η Γκιώνα (2.510 μ.), ο Παρνασσός (2.457 μ.), η ΄Ιδη (2.456 μ.), τα Λευκά ΄Ορη (2.452 μ.) και ο Ταΰγετος (2.407 μ.).

Τα εδάφη της χώρας διατρέχουν 20 μεγάλοι ποταμοί. Από αυτούς το μεγαλύτερο μήκος έχουν οι: Αλιάκμωνας (297 χλμ), Αχελώος (220), Θεσσαλικός Πηνειός (205), ΄Εβρος (204), Νέστος (130) και Στρυμώνας (118). Από τις 18 κυριότερες λίμνες της Ελλάδας, μεγαλύτερες είναι της Τριχωνίδας (96,5 τ.χλμ), Βόλβης (75,6), Βεγορίτιδας (72,4), Κορώνειας (47,9) και Βιστονίδας (45,6).

Πάμπολλα νησιά είναι διάσπαρτα στα πελάγη που βρέχουν την ηπειρωτική Ελλάδα. Μεγαλύτερα: Κρήτη (επιφάνεια 8.249 τ.χλμ, μήκος ακτών 1.046 χλμ), Εύβοια (3.654/678), Λέσβος (1.630/370),

Ρόδος (1.398/220), Χίος (842/213), Κεφαλληνία (781/254) και Κέρκυρα (592/217). Το μήκος των ηπειρωτικών συνόρων της χώρας είναι 1.215,5 χλμ και το μήκος των ακτών 15.021 χλμ.

Πληθυσμός

Ἔτος	Κάτοικοι	Κάτοικοι ανά τ.χλμ
1821	938.765	19,76
1920	5.016.889	39,40
1971	8.768.641	66,43
1976	9.167.190	69,50

Κίνηση πληθυσμού

Ἔτος	Γάμοι	Γεννήσεις ζώντων	Θάνατοι	Παιδική Θνησιμότητα
1956	55.233	158.203	59.460	6.128
1966	71.666	154.613	67.912	5.253
1976	63.540	146.566	81.818	3.300

Ο πληθυσμός έφτασε —κατά υπολογισμούς— τους 9.167.190 κατοίκους, ενώ, σύμφωνα με την τελευταία απογραφή του (1971), είναι 8.768.641 και χωρίζεται ως εξής:
Αστικός 4.667.489 (53%), ημιαστικός 1.019.421 (11,6%) και αγροτικός 3.081.731 (35,4%).

Στους δυο πίνακες παρουσιάζονται αναλυτικά η αύξηση του πληθυσμού από το 1821, καθώς και η κίνησή του, σύμφωνα με στοιχεία της Εθνικής Στατιστικής Υπηρεσίας.

Συνολικά υπάρχουν 17.717 οικισμοί. Το πολεοδομικό συγκρότημα της Αθήνας έχει 2.101.103 κατοίκους, της Θεσσαλονίκης 482.361 και του Πειραιά 480.211. Πόλεις (Δήμοι) της χώρας που ξεπερνούν τις 30.000 είναι: Πάτρα (112.228), Ηράκλειο (78.209), Λάρισα (72.760), Βόλος (51.290), Καβάλα (46.887), Σέρρες (41.091), Χανιά (40.564), Γιάννενα (40.130), Καλαμάτα (39.462), Τρίκαλα (38.740), Λαμία (38.297), Χαλκίδα (36.300), Ρόδος (33.100), Αγρίνιο (32.654), Κομοτηνή (32.219), Κέρκυρα (31.461) και Βέροια (30.425).

Aus: Βιβλίο της Χρονιάς 1979, Athen 1979, 21 f

Πού ξοδεύεται το χιλιάρικο του Έλληνα

Σύμφωνα με τα στοιχεία των Εθνικών Λογαριασμών του Οργανισμού Οικονομικής Συνεργασίας και Ανάπτυξης (ΟΟΣΑ), το κάθε χιλιάρικο ξοδεύεται από τους Έλληνες με την εξής αναλογία: 403 δρχ. για τρόφιμα, ποτά, τσιγάρα και καπνό, 199 δρχ. εκπαίδευση, υπηρεσίες και διάφορα αγαθά, 119 δρχ. για ενοίκιο, θέρμανση, φως και νερό, 113 δρχ. για ρουχισμό και υπόδηση, 96 δρχ. για έπιπλα, σκεύη και τρέχουσες οικιακές δαπάνες, 45 δρχ. για ατομικό ευπρεπισμό (καλλυντικά κλπ.) και για την υγιεινή και 25 δρχ. για άλλα.

'Όταν σφίγγουν το χέρι (aus Ρωμιοσύνη)

Όταν σφίγγουν το χέρι όταν σφίγγουν το χέρι ο

ήλιος είναι βέβαιος για τον κόσμο ο ήλιος είναι βέβαιος

για τον κόσμο όταν χα- μογε- λάνε όταν χα- μογε-

λάνε έ- να μικρό χε- λιδόνι φεύγει μες απ'τ'άγρια γένια τους

έ- να μικρό χε- λιδόνι φεύγει μες απ'τ'άγρια γένια τους.

Όταν σκο- τώνονται όταν σκο- τώνονται η ζω- ή τρα-

βάει την ανη- φόρα η ζω- ή τρα- βάει την ανη- φόρα με ση-

μαίες με ση- μαίες και με ταμ- πούρλα η ζω- ή τρα- βάει

την ανη- φόρα η ζω- ή τρα- βάει την ανη- φόρα με ση-

μαίες με ση- μαίες με ση- μαίες και με ταμ- πούρλα.

μουσική: Μίκης Θεοδωράκης
στίχοι: Γιάννης Ρίτσος (siehe S. 154)

|: ῾Οταν σφίγγουν το χέρι :|
|: ο ήλιος είναι βέβαιος για τον κόσμο :|

|: όταν χαμογελάνε :|
|: ένα μικρό χελιδόνι φεύγει
μες απ' τ' άγρια γένια τους. :|

|: ῾Οταν σκοτώνονται :| (2x)
|: η ζωή τραβάει την ανηφόρα :|
|: με σημαίες :| και με ταμπούρλα.

Wenn sie die Fäuste ballen

Wenn sie die Fäuste ballen
dann ist die Sonne für die Welt nicht verloren.

Wenn sie lächeln
fliegt eine kleine Schwalbe
mitten aus ihrem Bart.

Wenn sie fallen
dann zieht das Leben den steilen Hang hinauf
mit Fahnen und Trommeln.

22 Καινούριες λέξεις

σημερινός	heutig	ξεπερνάω	überholen,
νοτιοανατολικός	südöstlich		übertreffen
το άκρο	Spitze, Ende,	το ύψος	Höhe
	Rand	το μέτρο	Meter, Maß
ευρωπαϊκός	europäisch	υψηλός	hoch
η χερσόνησος	Halbinsel	= ψηλός	
ο βοράς	Norden, Nordwind	η οροσειρά	Gebirgszug
προς βορράν	in Richtung	διατρέχω	durchziehen
	Norden	ο ποταμός	Fluß
συνορεύω	angrenzen	κύριος	hauptsächlich,
το μήκος	Länge		Haupt-
βορειοανατο-	nordöstlich	πάμπολλα	sehr viele
λικός		διάσπαρτος	verstreut
δυτικός	westlich	η ακτή	Küste
το πέλαγος	Meer	ο πληθυσμός	Bevölkerung
ανατολικός	östlich	το έτος	Jahr (offiziell)
το Αιγαίο	Ägäisches	ο κάτοικος	Einwohner
Πέλαγος	Meer	ανά	pro
νότιος	südlich	ζώντες	Lebende
διαιρώ	teilen, einteilen	ο θάνατος	Tod
εξής	folgend	παιδικός	Kinder-
γεωγραφικός	geografisch	θνησιμότητα	Sterblichkeit
διοικητικός	Verwaltungs-	ο υπολογισμός	Schätzung
εκπροσωπώ	vertreten	η απογραφή	Volkszählung
το κράτος	Staat	χωρίζω	teilen, aufteilei
η μορφή	Gestalt, Form		trennen
δημόσιος	öffentlich	ως εξής	wie folgt
επικεφαλής	an der Spitze	αστικός	städtisch
πληθυσμιακός	Einwohner-	ημιαστικός	halbstädtisch
το στοιχείο	Element	αγροτικός	ländlich
η επιφάνεια	Fläche, Oberfläche	παρουσιάζω	vorstellen,
το έδαφος	Grund, Boden		vorführen,
ηπειρωτικός	festländisch		präsentieren
τ. χλμ. = τετρα-	Quadratkilo-	αναλυτικός	analytisch
γωνικό χιλιό-	meter	η αύξηση	Wachstum
μετρο		στατιστικός	statistisch
τετραγωνικός	quadratisch	συνολικά	insgesamt
το χιλιόμετρο	Kilometer	ο οικισμός	Siedlung
η μορφολογία	Morphologie	πολεοδομικός	städtebaulich
ορεινός	gebirgig	το συγκρότημα	Gruppe, Block
το οροπέδιο	Hochebene	ξοδεύω	ausgeben
η εξαίρεση	Ausnahme	ο οργανισμός	Organisation
αποτελώ	bilden	η συνεργασία	Zusammenarbeit
ο κάμπος	Feld, Flachland,	η ανάπτυξη	Entwicklung
	Ebene	η αναλογία	Verhältnis

τα τρόφιμα	Eßwaren	τρέχουσα	laufend
ο καπνός	Tabak	οικιακός	häuslich,
η εκπαίδευση	Bildung		Haushalts-
τα αγαθά	Güter	η δαπάνη	Aufwand,
το φως	Licht		Ausgaben
ο ρουχισμός	Kleidung	ο ευπρεπισμός	Körperpflege
η υπόδηση	Schuhwerk	τα καλλυντικά	Kosmetika
το σκεύος	Gerät	η υγιεινή	Hygiene

- 144 -

23 Lektion 23

Αντώνη Σαμαράκη: Το ποτάμι

Η διαταγή ήταν ξεκάθαρη: Απαγορεύεται το μπάνιο στο ποτάμι, ακόμα και να πλησιάζει κανένας σε απόσταση λιγότερο από διακόσια μέτρα. Δε χωρούσε λοιπόν καμιά παρανόηση. Όποιος την παρέβαινε τη διαταγή, θα περνούσε στρατοδικείο. Τους την διάβασε τις προάλλες ο ίδιος ο ταγματάρχης. Διέταξε γενική συγκέντρωση, όλο το τάγμα, και τους την διάβασε. Διαταγή της μεραρχίας! Δεν ήταν παίξε γέλασε. Είχαν κάπου τρεις βδομάδες που είχαν αράξει δώθε από το ποτάμι. Κείθε από το ποτάμι ήταν ο εχθρός, οι Άλλοι όπως τους έλεγαν πολλοί. Τρεις βδομάδες απραξία. Σίγουρα δε θα βαστούσε πολύ τούτη η κατάσταση, για την ώρα όμως επικρατούσε ησυχία. Και στις δυο όχθες του ποταμιού, σε μεγάλο βάθος, ήταν δάσος. Πυκνό δάσος. Μες στο δάσος είχαν στρατοπεδεύσει και οι μεν και οι δε. Οι πληροφορίες τους ήταν πως οι Άλλοι είχαν δυο τάγματα εκεί. Ωστόσο, δεν επιχειρούσαν επίθεση, ποιος ξέρει τι λογάριαζαν να κάνουν. Στο μεταξύ, τα φυλάκια, και από τις δυο μεριές, ήταν εδώ κι εκεί κρυμμένα στο δάσος, έτοιμα για κάθε ενδεχόμενο. Τρεις βδομάδες! Πώς είχαν περάσει τρεις βδομάδες! Δε θυμόνταν σ' αυτόν τον πόλεμο, που είχε αρχίσει εδώ και δυόμισι χρόνια περίπου, άλλο τέτοιο διάλειμμα σαν και τούτο. Όταν φτάσανε στο ποτάμι, έκανε ακόμα κρύο. Εδώ και μερικές μέρες, ο καιρός είχε στρώσει. Άνοιξη πιά. Ο πρώτος που γλίστρησε κατά το ποτάμι ήταν λοχίας. Γλίστρησε ένα πρωινό και βούτηξε. Λίγο αργότερα σύρθηκε ως τους δικούς του, με δυο σφαίρες στο πλευρό. Δεν έζησε πολλές ώρες. Την άλλη μέρα δυο φαντάροι τράβηξαν για εκεί. Δεν τους ξαναείδε πια κανένας. Άκουσαν μονάχα πολυβολισμούς, και ύστερα σιωπή. Τότε βγήκε η διαταγή της μεραρχίας. Ήταν ωστόσο μεγάλος πειρασμός το ποτάμι. Τ' άκουγαν που κυλούσε τα νερά του και το λαχταρούσαν. Αυτά τα δυόμισι χρόνια, τους είχε φάει η βρώμα. Είχαν ξεσυνηθίσει ένα σωρό χαρές. Και να, τώρα που είχε βρεθεί στο δρόμο τους αυτό το ποτάμι. Αλλά η διαταγή της μεραρχίας ...

- Στο διάολο η διαταγή της μεραρχίας! είπε μες από τα δόντια του κείνη τη νύχτα.

Γύριζε και ξαναγύριζε και ησυχία δεν είχε. Το ποτάμι ακουγόταν πέρα και δεν τον άφηνε να ησυχάσει.

Θα πήγαινε την άλλη μέρα, θα πήγαινε οπωσδήποτε. Στο διάολο η διαταγή της μεραρχίας! Οι άλλοι φαντάροι κοιμόνταν. Τέλος τον πήρε κι αυτόν ο ύπνος. Είδε ένα όνειρο, έναν εφιάλτη. Στην αρχή, το είδε όπως ήταν: ποτάμι. Ήταν μπροστά του αυτό το ποτάμι και τον περίμενε. Κι αυτός, γυμνός στην όχθη, δεν έπεφτε μέσα. Σα να τον βαστούσε ένα αόρατο χέρι. Ύστερα το ποτάμι μεταμορφώθηκε σε γυναίκα. Μια νέα γυναίκα, μελαχρινή, με σφιχτοδεμένο κορμί. Γυμνή, ξαπλωμένη στο γρασίδι, τον περίμενε. Κι αυτός, γυμνός μπροστά της, δεν έπεφτε πάνω της. Σα να τον βαστούσε ένα αόρατο χέρι.

Ξύπνησε βαλαντωμένος· δεν είχε ακόμα φέξει ...

Φτάνοντας στην όχθη, στάθηκε και το κοίταζε. Το ποτάμι! Ώστε υπήρχε λοιπόν αυτό το ποτάμι; Ώρες ώρες, συλλογιζόταν μήπως δεν υπήρχε στ᾽ αλήθεια. Μήπως ήταν μια φαντασία τους, μια ομαδική ψευδαίσθηση. Είχε βρει μια ευκαιρία και τράβηξε κατά το ποτάμι. Το πρωινό ήταν θαύμα! Αν ήταν τυχερός και δεν τον έπαιρναν μυρουδιά ... . Να πρόφταινε μονάχα να βουτήξει στο ποτάμι, να μπει στα νερά του, τα παρακάτω δεν τον ένοιαζαν.

Σ᾽ ένα δέντρο, στην όχθη, άφησε τα ρούχα του, και όρθιο πάνω στον κορμό, το τουφέκι του. Έριξε δυο τελευταίες ματιές, μια πίσω του, μην ήταν κανένας από τους δικούς του, και μια στην αντίπερα όχθη, μην ήταν κανένας από τους Άλλους. Και μπήκε στο νερό.

Από τη στιγμή που το σώμα του, ολόγυμνο, μπήκε στο νερό, τούτο το σώμα που δυόμιση χρόνια βασανιζόταν, που δυο τραύματα το είχαν ως τώρα σημαδέψει, από τη στιγμή αυτή ένιωσε άλλος άνθρωπος. Σα να πέρασε ένα χέρι μ᾽ ένα σφουγγάρι μέσα του και να τά ᾽σβησε αυτά τα δυόμιση χρόνια.

Κολυμπούσε πότε μπρούμυτα, πότε ανάσκελα. Αφηνόταν να τον πηγαίνει το ρεύμα. Έκανε και μακροβούτια ...

Ήταν ένα παιδί αυτός ο φαντάρος, που δεν ήταν παρά είκοσι τριών χρονών κι όμως τα δυόμιση τελευταία χρόνια είχαν αφήσει βαθιά ίχνη μέσα του.

Δεξιά κι αριστερά, και στις δυο όχθες φτερούγιζαν πουλιά, τον χαιρετούσαν περνώντας πότε πότε από πάνω του.

Μπροστά του πήγαινε τώρα ένα κλαδί που το έσερνε το ρεύμα. Βάλθηκε να το φτάσει μ' ένα μονάχα μακροβούτι. Και το κατάφερε. Βγήκε από το νερό ακριβώς δίπλα στο κλαδί. Ένιωσε μια χαρά! Αλλά την ίδια στιγμή είδε ένα κεφάλι μπροστά του, κάπου τριάντα μέτρα μακριά. Σταμάτησε και προσπάθησε να δει καλύτερα. Και κείνος που κολυμπούσε εκεί τον είχε δει, είχε σταματήσει κι αυτός. Κοιτάζονταν.

Ξανάγινε αμέσως αυτός που ήταν και πρωτύτερα: ένας φαντάρος που είχε κιόλας δυόμισι χρόνια πόλεμο, που είχε έναν πολεμικό σταυρό, που είχε αφήσει το τουφέκι του στο δέντρο. Δε μπορούσε να καταλάβει αν αυτός αντίκρυ του ήταν από τους δικούς του ή από τους Άλλους. Πώς να το καταλάβει; Ένα κεφάλι έβλεπε μονάχα. Μπορούσε νά 'ναι ένας από τους δικούς του. Μπορούσε νά 'ναι ένας από τους Άλλους.

Για μερικά λεπτά, και οι δυο τους στέκονταν ακίνητοι στα νερά. Τη σιωπή διέκοψε ένα φτάρνισμα. Ήταν αυτός που φταρνίστηκε, και κατά τη συνήθεια του βλαστήμησε δυνατά. Τότε εκείνος αντίκρυ του άρχισε να κολυμπάει γρήγορα προς την αντίθετη όχθη. Και αυτός όμως δεν έχασε καιρό. Κολύμπησε προς την όχθη του μ' όλη του τη δύναμη. Βγήκε πρώτος. Έτρεχε στο δέντρο που είχε αφήσει το τουφέκι του, το άρπαξε. Ο Άλλος μόλις έβγαινε από το νερό. Έτρεχε τώρα κι εκείνος να πάρει το τουφέκι του.

Σήκωσε το τουφέκι του αυτός, σημάδεψε. Του ήταν πάρα πολύ εύκολο να του φυτέψει μια σφαίρα στο κεφάλι. Ο Άλλος ήταν σπουδαίος στόχος, έτσι καθώς έτρεχε ολόγυμνος, κάπου είκοσι μέτρα μονάχα μακριά. Όχι, δεν τράβηξε τη σκανδάλη. Ο Άλλος ήταν εκεί, γυμνός όπως είχε έρθει στον κόσμο. Κι αυτός ήταν εδώ, γυμνός όπως είχε έρθει στον κόσμο.

Δεν μπορούσε να τραβήξει. Ήταν και οι δυο γυμνοί. Δυο άνθρωποι γυμνοί. Γυμνοί από ρούχα. Γυμνοί από ονόματα. Γυμνοί από εθνικότητα. Γυμνοί από το χακί εαυτό τους.

Δε μπορούσε να τραβήξει. Το ποτάμι δε χώριζε τώρα, αντίθετα τους ένωνε.

Δε μπορούσε να τραβήξει. Ο Άλλος είχε γίνει ένας άνθρωπος τώρα, χωρίς άλφα κεφαλαίο, τίποτε λιγότερο, τίποτα περισσότερο.

Χαμήλωσε το τουφέκι του. Χαμήλωσε το κεφάλι του. Και δεν είδε τίποτα ως το τέλος, πρόφτασε να δει μονάχα κάτι πουλιά που φτερούγισαν τρομαγμένα σαν έπεσε από την αντικρινή όχθη η τουφεκιά, κι αυτός, γονάτισε πρώτα, ύστερα έπεσε με το πρόσωπο στο χώμα.

Antonis Samarakis

geb. 1919. Zahlreiche Prosawerke, meist Erzählungen, in viele Sprachen übersetzt. Sammelwerke: Ζητείται ελπίς, Η ζούγκλα, Αρνούμαι. Romane: Σήμα κινδύνου, Το λάθος.

Die Erzählung **Το ποτάμι** ist entnommen dem Sammelband **Ζητείται ελπίς** - Hoffnung gesucht, Athen 1954.

Σταμούλης ο λοχίας

Βρήκα στην Αμφιλο- χία το Σταμούλη το λο- χία παλιό μου
συμπολεμι- στή με το κε- φάλι του σταχ- τί με το κε-
φά- λι του σταχ- τί
Κάποτε στο Τεπε- λένι εικοσάχρονα παι- διά με μιά ματω-
μένη χλαίνη τρέχα- με για λευτε- ριά τώρα σ'αυ- τή την
ηλι- κία πίνουμε α- μίλητοι κρα- σί πώς καταντήσαμε,λο-
χία, ποιος είμαι εγώ ποιος είσαι ε- σύ σύ.

Βρήκα στην Αμφιλοχία
το Σταμούλη το λοχία
παλιό μου συμπολεμιστή
με το κεφάλι του σταχτί.

Κάποτε στο Τεπελένι
εικοσάχρονα παιδιά
με μια ματωμένη χλαίνη
τρέχαμε για λευτεριά.

Τώρα σ' αυτή την ηλικία
πίνουμε αμίλητοι κρασί
πώς καταντήσαμε λοχία,
ποιος είμαι εγώ, ποιος είσαι εσύ;

Πώς αλλάξαμε, λοχία,
κοίτα τη φωτογραφία,
ο πιο ανίκητος εχθρός
είναι, λοχία, ο καιρός.

μουσική: Γ. Κατσαρός
στίχοι: Πυθαγόρας

Stamulis, der Feldwebel

Ich traf in Amphilochia
Stamulis den Feldwebel,
meinen alten Kriegskameraden,
mit ergrautem Haar.

Damals in Tepeleni
Jungs von zwanzig Jahren
mit dem blutverschmierten Mantel
zogen wir aus für die Freiheit.

Jetzt in diesem Alter
trinken wir wortlos unseren Wein.
Wie weit ist es mit uns gekommen, Feldwebel,
wer bin ich und wer bist du?

Wie haben wir uns verändert, Feldwebel,
schau (doch nur) das Foto an,
der unbezwingbarste Feind
ist die Zeit, Feldwebel.

23 Καινούριες λέξεις

το ποτάμι	Fluß
η διαταγή	Befehl
ξεκάθαρος	ganz klar
η απόσταση	Entfernung
η παρανόηση	Mißverständnis
παραβαίνω	(Gesetz) ver-
	letzen
το στρατοδικείο	Militärgericht
τις προάλλες	neulich
ο ταγματάρχης	Major
διατάσσω	befehlen
η συγκέντρωση	Versammlung
το τάγμα	Bataillon
η μεραρχία	Division
δεν είναι	damit ist nicht
παίξε γέλασε	zu spaßen
αράζω	vor Anker gehen
δώθε από	diesseits
κείθε από	jenseits
ο εχθρός	Feind
η απραξία	Untätigkeit
για την ώρα	im Moment
επικρατώ	herrschen
η όχθη	Ufer
πυκνός	dicht
στρατοπεδεύω	lagern
οι μεν ...	die einen ...
οι δε	die anderen
ωστόσο	dennoch
επιχειρώ	versuchen
η επίθεση	Angriff
το φυλάκιο	Wachposten
κρυμμένος	versteckt
για κάθε	für jede
ενδεχόμενο	Eventualität
περίπου	ungefähr
εδώ και	seit
ο καιρός είχε	das Wetter hatte
στρώσει	sich gemacht
στρώνω	ausbreiten
γλιστράω	rutschen,
	entschlüpfen
κατά	in Richtung
ο λοχίας	Feldwebel
σέρνω	ziehen

η σφαίρα	Kugel
ο φαντάρος	Rekrut
ξαναβλέπω	wiedersehen
ο πολυβολισμός	Maschinenge-
	wehrfeuer
η σιωπή	Schweigen
ο πειρασμός	Versuchung
κυλάω	rollen, fließen
λαχταράω	sich sehnen
η βρώμα	Schmutz
ξεσυνηθίζω	entwöhnt werden
ένα σωρό	eine Menge
η χαρά	Freude, Annehm-
	lichkeit
στο διάολο	zum Teufel
ησυχάζω	(sich) beruhigen
ο εφιάλτης	Alptraum
γυμνός	nackt
αόρατος	unsichtbar
μεταμορφώνομαι	sich wandeln
μελαχρινός	dunkelhäutig
σφιχτοδεμένος	stramm
το γρασίδι	Gras
βαλαντωμένος	erschöpft
φέγγω	hell werden
η φαντασία	Einbildung
ομαδικός	gemeinsam
η ψευδαίσθηση	Sinnestäuschung
παίρνω μυρωδιά	jem. aufspüren
κάποιον	
η μυρωδιά	Geruch
προφταίνω	erreichen
ο κορμός	hier: Stamm
το τουφέκι	Gewehr
η ματιά	Blick
αντίπερα	gegenüber
το σώμα	Körper
ολόγυμνος	ganz nackt
βασανίζω	quälen
το τραύμα	Wunde
σημαδεύω	(kenn)zeichnen,
	markieren,
	zielen
το σφουγγάρι	Schwamm
σβήνω	löschen

πότε... πότε	mal... mal	η συνήθεια	Gewohnheit
μπρούμυτα	auf dem Bauch	βλαστημάω	fluchen
ανάσκελα	auf dem Rücken	αρπάζω	fassen, greifen
το μακροβούτι	Tauchen	φυτεύω	pflanzen
το ίχνος	Spur	ο στόχος	Ziel,
φτερουγίζω	flattern		Zielscheibe
το πουλί	Vogel	η σκανδάλη	Abzug (beim
πότε πότε	hin und wieder		Gewehr)
βάλθηκε	er setzte sich	η εθνικότητα	Nationalität
	in den Kopf	το χακί	Khaki
μια χαρά	ausgezeichnet	αντίθετα	im Gegenteil
προτύτερα	vorher	ενώνω	vereinen
πολεμικός	Kriegs-	το άλφα κεφαλαίο	das große A
ο σταυρός	Kreuz	χαμηλώνω	senken,
αντίκρυ	gegenüber		schwächer werden,
ακίνητος	unbeweglich		-machen
διακόπτω	unterbrechen	αντικρινός	gegenüberliegend
το φτάρνισμα	Niesen	η τουφεκιά	Gewehrschuß
φταρνίζομαι	niesen	γονατίζω	niederknien
κατά τη συνήθεια	nach der	το χώμα	Erde
	Gewohnheit		

24 Lektion 24

Γιώργου Σεφέρη: Η τελευταία μέρα

΄Ηταν η μέρα συννεφιασμένη. Κανείς δεν αποφάσιζε
φυσούσε ένας αγέρας αλαφρύς: «Δεν είναι γραίγος είναι σιρόκος»
είπε κάποιος.
Κάτι λιγνά κυπαρίσσια καρφωμένα στην πλαγιά κι η θάλασσα
γκρίζα με λίμνες φωτεινές, πιο πέρα.
Οι στρατιώτες παρουσίαζαν όπλα σαν άρχισε να ψιχαλίζει.
«Δεν είναι γραίγος είναι σιρόκος» η μόνη απόφαση που ακούστηκε.
Κι όμως το ξέραμε πως την άλλη αυγή δε θα μας έμενε
τίποτε πια, μήτε η γυναίκα πίνοντας πλάι μας τον ύπνο
μήτε η ανάμνηση πως ήμασταν κάποτε άντρες,
τίποτε πια την άλλη αυγή.

«Αυτός ο αγέρας φέρνει στο νου την άνοιξη» έλεγε η φίλη
περπατώντας στο πλευρό μου κοιτάζοντας μακριά «την άνοιξη
που έπεσε ξαφνικά το χειμώνα κοντά στην κλειστή θάλασσα.
Τόσο απροσδόκητα. Πέρασαν τόσα χρόνια. Πώς θα πεθάνουμε;»

΄Ενα νεκρώσιμο εμβατήριο τριγύριζε μες στην ψιλή βροχή.
Πώς πεθαίνει ένας άντρας; Παράξενο κανένας δεν το συλλογίστηκε.
Κι όσοι το σκέφτηκαν ήταν σαν ανάμνηση από παλιά χρονικά
της εποχής των Σταυροφόρων ή της εν - Σαλαμίνι - ναυμαχίας.
Κι όμως ο θάνατος είναι κάτι που γίνεται· πως πεθαίνει
    ένας άντρας;
Κι όμως κερδίζει κανείς το θάνατό του, το δικό του θάνατο, που δεν
    ανήκει σε κανέναν άλλον
και τούτο το παιχνίδι είναι η ζωή.
Χαμήλωνε το φως πάνω από τη συννεφιασμένη μέρα, κανείς δεν
    αποφάσιζε.
Την άλλη αυγή δε θα μας έμενε τίποτε· όλα παραδομένα· μήτε τα
    χέρια μας·
κι οι γυναίκες μας ξενοδουλεύοντας στα κεφαλόβρυσα και τα
    παιδιά μας
στα λατομεία.

- 153 -

Η φίλη μου τραγουδούσε περπατώντας στο πλευρό μου ένα τραγούδι
σακατεμένο:
«Την άνοιξη, το καλοκαίρι, ραγιάδες...»
Θυμότανε κανείς γέροντες δασκάλους που μας άφησαν ορφανούς.
Ένα ζευγάρι πέρασε κουβεντιάζοντας:
«Βαρέθηκα το δειλινό, πάμε στο σπίτι μας
πάμε στο σπίτι μας ν' ανάψουμε το φως».

Jorgos Seferis

1900-1971. 1963 Nobelpreis für Literatur. Gilt als Gründer der modernen
griechischen Lyrik. Zahlreiche Gedichte, heute gesammelt im Band
«Ποιήματα». Vielfältiges sonstiges Werk.

Das Gedicht **Η τελευταία μέρα** ist entnommen dem Gedichtzyklus
Ημερολόγιο καταστρώματος - Bordtagebuch, Athen 1939.

Γιάννη Ρίτσου: Ε-λευ-θε-ρί-α

Θα ξαναπείς την ίδια λέξη
γυμνή
αυτήν
που γι' αυτήν έζησες
και πέθανες
που γι' αυτήν αναστήθηκες
(πόσες φορές;)
την ίδια.

Έτσι όλη νύχτα
όλες τις νύχτες κάτω απ' τις πέτρες
συλλαβή συλλαβή
σαν τη βρύση που στάζει
στον ύπνο του διψασμένου
στάλα στάλα
ξανά και ξανά
κάτω απ' τις πέτρες
όλες τις νύχτες

μετρημένη στα δάχτυλα
απλά
όπως λες πεινάω
όπως λες σ' αγαπώ
έτσι απλά
ανασαίνοντας
μπροστά στο παράθυρο

ε-λευ-θε-ρί-α

Jannis Ritsos

geb. 1909. Zeitgenössischer weltberühmter griechischer Lyriker. Über 40
Gedichtzyklen in heute 5 Bänden. Zahlreiche nationale und internatio-
nale Auszeichnungen.
Das Gedicht **Ε-λευ-θε-ρί-α** ist entnommen dem Gedichtzyklus Κάτοψη -
Grundriß, Athen 1971.

Οδυσσέα Ελύτη: Η Μαρίνα των βράχων

Έχεις μια γεύση τρικυμίας στα χείλη - Μα πού γύριζες
Ολημερίς τη σκληρή ρέμβη της πέτρας και της θάλασσας
Αετοφόρος άνεμος γύμνωσε τους λόφους
Γύμνωσε την επιθυμία σου ως το κόκαλο
Κι οι κόρες των ματιών σου πήρανε τη σκυτάλη της Χίμαιρας
Ριγώνοντας μ' αφρό τη θύμηση!
Πού είναι η γνώριμη ανηφοριά του μικρού Σεπτεμβρίου
Στο κοκκινόχωμα όπου έπαιζες θωρώντας προς τα κάτω
Τους βαθιούς κυαμώνες των άλλων κοριτσιών
Τις γωνιές όπου οι φίλες σου άφηναν αγκαλιές τα δυοσμαρίνια

— Μα πού γύριζες
Ολονυχτίς τη σκληρή ρέμβη της πέτρας και της θάλασσας
Σού 'λεγα να μετράς μες στο γδυτό νερό τις φωτεινές του μέρες

Ανάσκελη να χαίρεσαι την αυγή των πραγμάτων
Ή πάλι να γυρνάς κίτρινους κάμπους
Μ' ένα τριφύλλι φως στο στήθος σου ηρωίδα ιάμβου.

Έχεις μιά γεύση τρικυμίας στα χείλη
Κι ένα φόρεμα κόκκινο σαν το αίμα
Βαθιά μες στο χρυσάφι του καλοκαιριού
Και τ' άρωμα των υακίνθων — Μα πού γύριζες

Κατεβαίνοντας προς τους γιαλούς τους κόλπους με τα βότσαλα
Ήταν εκεί ένα κρύο αρμυρό θαλασσόχορτο
Μα πιο βαθιά ένα ανθρώπινο αίσθημα που μάτωνε
Κι άνοιγες μ' έκπληξη τα χέρια σου λέγοντας τ' όνομά του
Ανεβαίνοντας ανάλαφρα ως τη διαύγεια των βυθών
Όπου σελάγιζε ο δικός σου ο αστερίας.

Άκουσε ο λόγος είναι των στερνών η φρόνηση
Κι ο χρόνος γλύπτης των ανθρώπων παράφορος
Κι ο ήλιος στέκεται από πάνω του θηρίο ελπίδας
Κι εσύ πιο κοντά σου σφίγγεις έναν έρωτα
Έχοντας μια πικρή γεύση τρικυμίας στα χείλη.
Δεν είναι για να λογαριάζεις γαλανή ως το κόκαλο άλλο καλοκαίρι,

Για ν' αλλάξουνε ρέμα τα ποτάμια
Και να σε πάνε πίσω στη μητέρα τους,
Για να ξαναφιλήσεις άλλες κερασιές
΄Η για να πας καβάλα στο μαΐστρο

Στυλωμένη στους βράχους δίχως χτες και αύριο,
στους κινδύνους των βράχων με τη χτενισιά της θύελλας
θ' αποχαιρετήσεις το αίνιγμά σου.

Odysseas Elytis

geb. 1911. Bedeutender griechischer Lyriker. Nobelpreis für Literatur 1979. Gedichtzyklen unter anderem: Προσανατολισμοί, ΄Ηλιος ο πρώτος, Το άξιον εστί, Μαρία Νεφέλη.

Das Gedicht **Η Μαρίνα των βράχων** ist entnommen dem Gedichtband **Προσανατολισμοί** — Orientierungen, Athen 1940.

- 157 -

24 Καινούριες λέξεις

συννεφιασμένος	bewölkt	το δειλινό	Abend
αλαφρύς =	leicht	η ελευθερία	Freiheit
ελαφρός		αναστήθηκα	bin wieder
ο γραίγος	Nordostwind		auferstanden
ο σιρόκος	Schirokko	ανασταίνομαι	wieder aufer-
λιγνός	dünn		stehen
το κυπαρίσσι	Zypresse	η πέτρα	Stein
η πλαγιά	Hang	η συλλαβή	Silbe
η λίμνη	See	στάζω	tropfen
φωτεινός	hell	διψασμένος	durstig
πιο πέρα	weiter drüben	η στάλα	Tropfen
ο στρατιώτης	Soldat	ξανά	wieder, erneut
το όπλο	Gewehr, Waffe	μετρημένος	gemessen
ψιχαλίζει	es tröpfelt	το δάχτυλο	Finger
η αυγή	Morgengrauen	ανασαίνω	atmen
η ανάμνηση	Erinnerung	ο βράχος	Felsen
ο νους	Geist, Verstand	η τρικυμία	Meeressturm
το πλευρό	Seite	τα χείλη/χείλια	Lippen
απροσδόκητος	unerwartet	ολημερίς	den ganzen Tag
νεκρώσιμος	Toten-, Trauer-		über
το εμβατήριο	Marsch	σκληρός	hart
τριγυρίζω	herumschleichen	η ρέμβη	Träumerei
συλλογίζομαι	denken an	ο αετοφόρος	Adlerträger
το χρονικό	Chronik	ο άνεμος	Wind
η εποχή	Epoche, Zeit	γυμνώνω	entblößen
ο σταυροφόρος	Kreuzfahrer	ο λόφος	Hügel
εν Σαλαμίνι	bei Salamis	η επιθυμία	Wunsch
η ναυμαχία	Seeschlacht	η κόρη	auch: Pupille
κερδίζω	gewinnen	η σκυτάλη	Stafette
ανήκω σε κάποιον	einem gehören	η χίμαιρα	Chimäre
παραδομένος	vergeben,	ριγώνω	linieren
	abgegeben	ο αφρός	Schaum
ξενοδουλεύω	für Fremde	η θύμηση	Erinnerung
	arbeiten	γνώριμος	bekannt
το κεφαλόβρυσο	reiche Wasser-	η ανηφοριά	Aufstieg,
	quelle		Steigung
το λατομείο	Steinbruch	το κοκκινόχωμα	rote Erde
σακατεμένος	verstümmelt	θωρώ	schauen
ο ραγιάς	nicht mohammeda-	κυαμώνας	Saubohnenfeld
	nischer Unter-	η αγκαλιά	Umarmung,
	tan der Türkei		Armvoll
ο γέροντας	alter Mann	το δυοσμαρίνι	Rosmarin
ο ορφανός	Waise	ολονυχτίς	die ganze Nacht
το ζευγάρι	Paar		über
κουβεντιάζω	sich unterhalten	γδυτός	entkleidet

ανάσκελα	auf dem Rücken	στερνός	später-, letzt-
το τριφύλλι	Klee	η φρόνηση	Vernunft
η ηρωίδα	Heldin	ο γλύπτης	Bildhauer
ο ίαμβος	Jambus	παράφορος	leidenschaftlich
το αίμα	Blut	το θηρίο	wildes Tier
το χρυσάφι	Gold	ο έρωτας	Eros, Liebe
το άρωμα	Duft	λογαριάζω	rechnen, be-
ο υάκινθος	Hyazinthe		rechnen
ο κόλπος	Bucht	γαλανός	blau
το βότσαλο	Kieselstein	ξαναφιλάω	noch einmal
αρμυρός	salzig		küssen
το θαλασσόχορτο	Meerespflanze	η κερασιά	Kirschbaum
ανθρώπινος	menschlich	καβάλα	zu Pferd
το αίσθημα	Gefühl	ο μαΐστρος	Nordwestwind
ματώνω	bluten	στυλωμένος	gestützt
η έκπληξη	überraschung	δίχως	ohne
ανάλαφρος	leicht	η χτενισιά	Frisur
η διαύγεια	Klarheit	η θύελλα	Sturm
ο βυθός	Tiefe, Meeres-	αποχαιρετάω	sich verab-
	grund		schieden
σελαγίζω	glänzen	το αίνιγμα	Rätsel
ο αστερίας	Seestern		

ΠΩΣ ΠΑΙΖΕΤΑΙ ΤΟ ΤΑΒΛΙ

TAVLI ist ein Brettspiel für zwei Personen. Das Spielbrett ist normalerweise aus Holz, die Ränder und der Mittelbalken sind erhöht, um die Würfel «in Zaum zu halten». Es wird nämlich stets im Spielfeld gewürfelt, deshalb sind die Würfel auch viel kleiner als beim «Mensch ärger dich nicht».

Das Spielfeld besteht aus vier Vierteln mit je sechs Feldern. Die Aufteilung der vier Viertel in A, B, C und D sowie die Numerierung der Felder wurde nur vorgenommen, um im folgenden die Abbildungen besser erläutern zu können (siehe Abb. 1).

Ziel des Spiels ist, die eigenen Steine möglichst schnell vom Start über das ganze Spielfeld zu setzen, sie alle bis in das eigene «Endviertel» zu bringen und von dort aus aus dem Spielbrett zu setzen. Gleichzeitig versucht jeder Spieler, den Gegner am Erreichen dieses Zieles zu hindern. Die Taktik und die Methoden sind für jede Spielvariante verschieden, zuerst aber einmal alle die Regeln, die ganz allgemein gelten:

Abb. 1

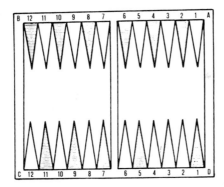

Allgemeine Regeln:

- Gewürfelt wird mit zwei Würfeln (um zu ermitteln, wer anfängt, wirft jeder Spieler mit nur einem Würfel, die höhere Punktzahl beginnt. Zeigen beide Würfel die gleiche Punktzahl, wird wiederholt, bis eine Entscheidung fällt. Diese Prozedur ist in Griechenland nur beim ersten Spiel nötig, danach beginnt jeweils der Sieger des vorhergegangenen

Spiels (nach internationalen Backgammonregeln wird vor jedem Spiel neu ausgewürfelt).
- Die Würfel müssen vollkommen flach zu liegen kommen. Liegen sie gekippt auf einem Spielstein oder fliegen sie sogar aus dem Spielbrett heraus, wird wiederholt.
- Nach den internationalen Backgammon-Regeln dürfen die Würfel erst nach gänzlich ausgeführtem Spielzug vom Gegner berührt werden. Wenn man mit Griechen spielt, vergißt man diese Regel besser ganz schnell, die haben die Würfel meist schon in der Hand, bevor man die Augenzahl richtig erkannt hat!
- Die Spielsteine (jeder Spieler hat 15 Stück) werden gemäß der gewürfelten Augenzahlen beider Würfel gezogen, wobei die Augenzahlen der beiden Würfel immer getrennt gerechnet werden müssen, d.h. eine 5 und eine 3 sind immer 5 + 3 oder 3 + 5, aber nie 8! Was das praktisch bedeutet, wird weiter unten noch erläutert.
- Ein Pasch (d.h. beide Würfel zeigen die gleiche Augenzahl) wird doppelt gewertet. Zum Beispiel erlaubt ein Wurf von zwei Mal der 4 insgesamt vier Mal die 4 zu setzen.
- Kann nur eine der beiden gewürfelten Augenzahlen gesetzt werden, verfällt die andere (nach internationalen Regeln verfallen beide, wenn nicht die höhere Augenzahl gesetzt werden kann - aber internationale Regeln gelten in Griechenland nicht).

Abb. 2

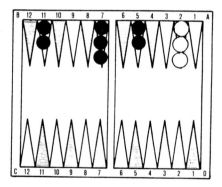

- Ein Zug kann nicht ausgeführt werden, wenn der entsprechende Spielstein auf einem Feld ankommen würde, das bereits von zwei (oder mehr) Steinen des Gegners besetzt ist - und das gilt auch für den Zwischenhalt nach der Augenzahl des ersten Würfels.

Beispiel (siehe Abb. 2): Spieler Weiß würfelt eine 5 und eine 3: Das Feld, welches 8 Schritte weiter liegt (B 10), ist zwar frei, aber das dritte (A 5) und fünfte (B 7) sind vom Gegner besetzt. Spieler Weiß kann also zumindest mit den hier abgebildeten Steinen den Wurf nicht ziehen.

Damit ist auch deutlich geworden, warum immer die beiden Augenzahlen getrennt gezählt werden müssen und nie als Summe. Es ist fast überflüssig, noch zu erläutern, daß natürlich der Spieler im Vorteil ist, dem es gelingt, möglichst viele verschiedene Felder zu besetzen.

- Muß ein Spieler nach Ausführung seines Zuges einen einzelnen Spielstein auf einem Feld stehen lassen, wird es brenzlig. Den kann der Gegner nämlich (wenn seine Würfel mitspielen) je nach Spielvariante schlagen oder blockieren - dazu aber mehr bei der Erläuterung der einzelnen Spielvarianten.

- Gewonnen hat der Spieler, der zuerst alle eigenen Steine in sein Endviertel gebracht und sie von dort aus hinausgewürfelt hat (er darf selbstverständlich mit dem Hinauswürfeln erst beginnen, wenn alle Steine im Endviertel sind).

Im einzelnen funktioniert das Herauswürfeln folgendermaßen: Man kann entweder eine Figur von dem Punkt aus hinaussetzen, der der gewürfelten Augenzahl entspricht, oder vom nächsten niedrigeren Punkt, wenn der der gewürfelten Augenzahl entsprechende Punkt nicht mehr besetzt ist - natürlich nur dann, wenn auch kein höherer Punkt mehr besetzt ist (in diesem Fall müßten zuerst diese Steine entsprechend der gewürfelten Augenzahl nach vorne gezogen werden).

Abb. 3

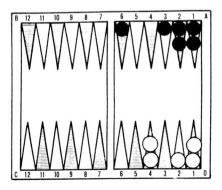

Anhand von Abb. 3 hier zwei Beispiele:

1. Spieler Weiß würfelt 5 und 6 - er kann die beiden Spielsteine auf Feld D-4 hinaussetzen.

2. Spieler Schwarz würfelt Pasch 5. Er muß zuerst den Spielstein von A-6 auf A-1 vorziehen, dann kann er die drei Spielsteine auf A-3 und A-2 abräumen (der Pasch zählt wie schon erwähnt doppelt). Alles klar?

- Ein gewonnenes Spiel zählt einen Punkt - es wird verdoppelt, wenn ein Spieler alle seine Spielsteine hinausgewürfelt hat, bevor der Gegner einen einzigen hinausgebracht hat. (Die internationalen Backgammon-Regeln differenzieren hier noch mehr, das Spiel zählt hier sogar dreifach, wenn der Gegner noch nicht alle Steine in sein Endviertel gebracht hat).

Die drei in Griechenland gebräuchlichsten Spielvarianten:

1. Plakotó - Πλακωτό

Jeder Spieler stellt alle seine Steine auf Feld 1 seiner Seite (Weiß sitzt bei dieser Abb. oben!) oder behält die meisten davon einfach in der Hand. Das Viertel D ist für Weiß das Endviertel, während A das Endviertel für Schwarz ist (siehe Abb. 4).

Abb. 4

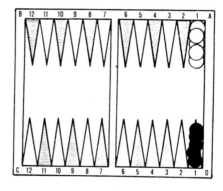

Spieler Weiß läuft also von Viertel A nach B und dann über C in sein Endviertel D. Schwarz läuft von D über C und B nach A.

- Ein einzeln stehender Stein kann vom Gegner «gefangen», d.h. blockiert werden. Fängt z.B. Spieler Schwarz einen weißen Stein, (siehe Abb. 5), so kann Spieler Weiß dieses Feld nicht mehr zum Halten benutzen (als ob beide dort stehenden Steine schwarz wären) und darf mit dem blockierten Stein erst dann weiterziehen, wenn Schwarz ihn freigegeben hat.

Abb. 5

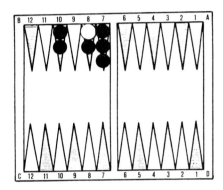

- Ein kurzes Wort zur Taktik: Logischerweise ist das Blockieren eines gegnerischen Steines umso günstiger, je weniger er vorgedrungen ist. Am günstigsten ist es natürlich, wenn man den gegnerischen Spielstein in dessen Startviertel (also im Endviertel des fangenden Steines) festhält. Denn hier kann man dann den Spielstein (meist) auch dann noch eine Weile festhalten, wenn man schon alle Steine im Endviertel hat und mit dem Hinauswürfeln beginnt. Umso größer wird der Vorsprung. Aber natürlich ist nicht immer ein im eigenen Heimviertel gefangener gegnerischer Stein schon der Sieg. Schließlich besteht Setzzwang und so kann es passieren, daß man diesen Stein früher als einem lieb ist «wieder laufen lassen muß».

- Alles andere steht in den allgemeinen Regeln am Anfang.

2. Pórtes - Πόρτες

Diese Spielart entspricht bis auf ein paar kleine Feinheiten dem internationalen Backgammon und unterscheidet sich vor allem im Grundaufbau (siehe Abb. 6), im Spielverlauf und vor allen Dingen in punkto Taktik sehr vom «Plakotó». Während bei «Plakotó» meist nach einer Weile zumindest zu 80% vorhersehbar ist, wer gewinnen wird, so kann «Pórtes» auch in letzter Minute noch «umkippen».

Grundaufstellung:

Abb. 6

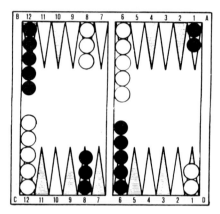

- Jeder Spieler hat also bereits 5 Steine im eigenen Endviertel stehen (Weiß sitzt wieder oben, sein Endviertel ist D - Das Endviertel von Schwarz ist A). Man spielt bei Pórtes die Steine «auf sich zu», nicht «von sich weg» wie beim Plakotó.

- Einzeln stehende Spielsteine werden hier nicht blockiert, sondern geschlagen, d.h. dieser Stein wird aus dem Spiel genommen und auf die erhöhte Mittelleiste gelegt, bis er wieder hineingewürfelt werden kann. Der schlagende Stein bleibt allein auf dem Feld stehen. Das Schlagen eines gegnerischen Spielsteins bringt also das Risiko mit sich, dann selbst ungeschützt zu stehen (außer natürlich, man kann den Stein weiterziehen), weil nur die Augenzahl eines Würfels zum Schlagen benötigt wurde - oder man kann aus dem selben Grund einen zweiten eigenen Spielstein dazusetzen und wieder ein gesichertes Pärchen bilden, oder man hat bei einem gewürfelten Pasch ohnehin mit zwei Steinen gezogen.

- Der geschlagene Spieler darf erst dann wieder einen seiner im Feld befindlichen Spielsteine bewegen, wenn es ihm gelungen ist, den geschlagenen Stein wieder hineinzuwürfeln. Dies muß er **in das Endviertel des Gegners hinein** tun und zwar auf dem umgekehrten Weg wie beim Hinauswürfeln, d.h. mit der gewürfelten Augenzahl zieht er auf das entsprechende Feld (z.B. mit einer 4 auf das vierte Feld, aber natürlich nur, wenn dieses Feld nicht schon von zwei oder mehr Steinen des Gegners blockiert ist).

Natürlich versucht der Gegner genau das: möglichst viele Felder in seinem eigenen Endviertel zu blockieren, um dem anderen das Hineinwürfeln zu erschweren (im Optimalfall besetzt er alle 6 Felder, dann ist es mit dem Hineinwürfeln gänzlich aus). Der Geschlagene braucht erst dann wieder zu würfeln, wenn mindestens ein Feld wieder frei ist. Und das ist dann wiederum ein Risiko. Muß der Gegner evtl. beim Hinauswürfeln einen Stein alleine in seinem Endviertel stehen lassen und gelingt es dann dem anderen, beim Hineinwürfeln diesen Stein zu schlagen, dann wird wieder der Gegner zurückgeworfen. So bleibt Pórtes bis zum letzten Augenblick spannend.

Ein Beispiel:

Abb. 7

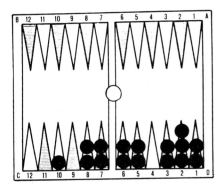

Spieler Weiß kann seinen geschlagenen Stein nur wieder ins Feld zurückbringen, wenn er eine 4 würfelt. Jede andere Augenzahl nützt ihm nichts. Würfelt er aber eine 4 und eine 6, dann kann er nicht nur hineinsetzen, sondern gleich anschließend den schwarzen Stein auf C-10 schlagen.

- Der Reiz dieses Spiels gegenüber dem Plakotó liegt also darin: Hat beim Plakotó ein Spielstein alle gegnerischen Steine passiert, ist er in Sicherheit. Da bei Pórtes aber geschlagene Steine wieder zum Anfang zurück müssen, können sie den gegnerischen Steinen erneut gefährlich werden. So wird ein Spieler, dessen Steine ungeschützt stehen, auch einmal auf das Schlagen eines gegnerischen Steins verzichten (müssen), um die eigenen Steine nicht zu sehr zu gefährden.

- Im Gegensatz zum Plakotó gilt hier als Grundregel: Je weiter ein Stein fortgeschritten ist, desto mehr gewinnt der Gegner, wenn er ihn schlägt.

3. Févga - Φεύγα

Diese Spielvariante unterscheidet sich wiederum deutlich von den beiden anderen.

Hier zuerst die Grundaufstellung:

Abb. 8

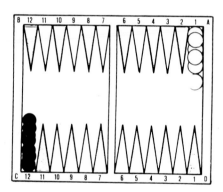

Schwarz stellt alle Spielsteine auf das Feld C-12, läuft über D und A in sein Endviertel B.

Weiß läuft diesmal von seinem Ausgangspunkt A-1 **in die gleiche Richtung** wie Schwarz, nämlich über B und C in sein Endviertel D.

Die Spieler ziehen hier also nicht entgegengesetzt wie bei den anderen Spielvarianten.

Die weiteren Besonderheiten dieser Spielvariante:

- Um ein Feld zu blockieren, genügt ein Stein (bei diesem Spiel können also die Steine des Gegners weder geschlagen noch blockiert werden, sondern nur «behindert» - und das durch möglichst viele hintereinander stehende eigene Steine. Sind es sechs hintereinander liegende Felder, die blockiert werden, so kann der Gegner das Hindernis überhaupt nicht passieren.

- Jeder Spieler beginnt mit nur einem Stein, der zweite und alle anderen dürfen erst starten, wenn der erste Stein das Startviertel des Gegners erreicht hat (für Weiß ist das Viertel A, für Schwarz Viertel C).

- Im eigenen Startviertel darf ein Spieler niemals alle sechs Felder blockieren, er muß immer mindestens ein Feld für den Gegner freilassen (diese Bedingung ist natürlich auch dann erfüllt, wenn der Gegner schon auf diesem Feld sitzt). Diese Einschränkung kann der ganz Schlaue natürlich dadurch umgehen, daß er die ersten 5 Felder seiner Startviertels und das letzte Feld seines Endviertels besetzt, womit er mit sechs Steinen hintereinander wieder eine unüberwindliche Brücke geschaffen hat - das aber geht natürlich nur, wenn der Gegner sich das gefallen läßt (siehe Abb. 9).

Abb. 9

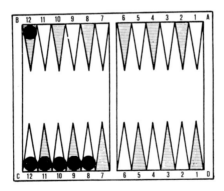

Eine abschließende Bemerkung:

Natürlich können sich die taktischen Hinweise an dieser Stelle nur auf wenige Grundregeln beschränken. Die «Feinheiten» lernt man erst mit der Zeit, spätestens dann, wenn man sich für sehr gut hält, weil man den Freund oder die Freundin ständig schlägt, und wenn man dann im Hafen von Chios oder anderswo vom schlechtesten Spieler am Platz mit 10:0 abgefertigt wird.

«Tavli spielen» kann man sicherlich erst dann, wenn man zumindest die drei hier erwähnten Varianten beherrscht, da diese stets abwechselnd gespielt werden und ein Spiel frühestens nach eben diesen drei Spielen zu Ende ist. Das macht das Spiel erstens viel abwechslungsreicher und gleicht zweitens taktische Schwächen oder Stärken bei einzelnen Spielvarianten aus.

Tavli ist selbstverständlich(!) kein Glücksspiel (trotz der verwendeten Würfel). Denn der gute Spieler würfelt sowieso, «was er jetzt gerade braucht», und außerdem gibt es nur sehr gute und weniger gute Würfe. Wer also ganz schlechte Würfe fabriziert, ist eben ein schlechter Spieler!

Übrigens wird man in Griechenland fast nie gegen nur einen Gegner spielen - stets werden drei oder mehr «Experten» daneben stehen (entweder amüsiert man sich eben über den «Xenos» der sowieso kein Tavli kann, oder lacht den eigenen Freund aus, weil er gegen «so einen» verliert) und mehr oder weniger lautstark mehr oder weniger gute Empfehlungen geben (und sich natürlich herrlich streiten, da jeder am besten Tavli spielen kann ...).

Καλή επιτυχία!

(Klaus Eckhardt)

Ein paar «spieltechnische» Vokabeln:

τα ζάρια	Würfeln
τα πούλια	Spielsteine
διπλές	Pasch
άσσοι	Einerpasch
ασσόδυο	Wurf 1+2
ντόρτια	Viererpasch
πεντάρες	Fünferpasch
εξάρες	Sechserpasch

Die wichtigsten unregelmäßigen Verben

Präsens Indikativ	Aorist Indikativ	Aorist-stamm	Besonderheiten	
αναβάλλω	ανάβαλα	αναβαλ-	**Imp. Aor.** ανάβαλε - αναβάλετε	aufschieben
			Aor. Pass. αναβλήθηκα	
ανεβαίνω	ανέβηκα	ανεβ-	**Imp. Aor.** ανέβα - ανεβείτε	hinaufgehen heraufkommen
αρέσω	άρεσα	αρεσ-		gefallen
αυξάνω	αύξησα	αυξησ-	**Aor. Pass.** αυξήθηκα	vermehren, anwachsen
αφήνω	άφησα	αφησ-	**Imp. Aor.** άφησε/άσε/ας - αφήστε/άστε	lassen, zulassen
			Aor. Pass. αφέθηκα	
βάζω	έβαλα	βαλ-	**Aor. Pass.** βάλθηκα	setzen, stellen, legen
βγάζω	έβγαλα	βαλ-	**Aor. Pass.** έβγα/βγες - βγείτε	herausnehmen, herauskommen
βλάπτω	έβλαψα	βλαψ-		schaden
βλέπω	είδα	δ-	**Imp. Aor.** δες - δέστε	sehen
			Aor. Pass. ειδώθηκα	
βρέχω	έβρεξα	βρεξ-	**Aor. Pass.** βράχηκα	benetzen, naß machen
βρίσκω	βρήκα	βρ-	**Imp. Aor.** βρες - βρέστε	finden
			Aor. Pass. βρέθηκα	
γίνομαι	έγινα	γιν-	**Imp. Aor.** γίνε - γίνετε	werden, geschehen

Präsens Indikativ	Aorist Indikativ	Aorist- stamm	Besonderheiten	
γράφω	έγραψα	γραψ-	**Aor. Pass.** γράφτηκα	schreiben
δέρνω	έδειρα	δειρ-	**Aor. Pass.** δάρθηκα	prügeln, schlagen
διδάσκω	δίδαξα	διδαξ-	**Aor. Pass.** διδάχτηκα	lehren
δίνω	έδωσα	δωσ-	**Imp. Aor.** δώσ᾽ / δώσε - δώστε	geben
			Aor. Pass. δώθηκα	
έρχομαι	ήρθα	ερθ- ρθ-	**Imp. Aor.** έλα- ελάτε	kommen
εύχομαι			**Aor. Ind.** ευχήθηκα	wünschen
θέλω	θέλησα	θελησ-	**Paratatikos** ήθελα	wollen
κάθομαι (καθίζω)	κάθισα/ έκατσα	καθισ-	**Imp. Aor.** κάθισε/ κάτσε - καθίστε	sitzen, sich setzen
καίω	έκαψα	καψ-	**Aor. Pass.** κάηκα	brennen, verbrennen
κάνω	έκαμα / έκανα	καμ- καν-		machen, tun
καταλαβαίνω	κατάλαβα	καταλαβ-		verstehen
κατεβαίνω	κατέβηκα	κατεβ-	**Imp. Aor.** κατέβα - κατεβείτε	hinabgehen, -steigen, herabkommen
κλαίω	έκλαψα	κλαψ-		weinen
λέω	είπα	π-	**Imp. Aor.** πες - πέστε	sagen
			Aor. Pass. ειπώθηκα	

Präsens Indikativ	Aorist Indikativ	Aorist- stamm	Besonderheiten	
μαθαίνω	έμαθα	μαθ-	**Aor. Pass.** μαθεύτηκα	lernen
μένω	έμεινα	μειν-		bleiben, wohnen
μπαίνω	μπήκα	μπ-	**Imp. Aor.** μπες / έμπα - μπείτε	hineingehen hereinkommen
ντρέπομαι			**Aor. Ind.** ντράπηκα	sich schämen
ξέρω			**Paratatikos** ήξερα	wissen, kennen
ξεχνάω	ξέχασα	ξεχασ-	**Aor. Pass.** ξεχάστηκα	vergessen
παθαίνω	έπαθα	παθ-		erleiden, zustoßen
παίρνω	πήρα	παρ-	**Imp. Aor.** πάρε - πάρτε	nehmen, bekommen
			Aor. Pass. πάρθηκα	
παραγγέλνω	παράγγειλα	παραγγειλ-	**Aor. Pass.** παραγγέλθηκα	bestellen
πετάω	πέταξα	πεταξ-	**Aor. Pass.** πετάχτηκα	fliegen, (hinauswerfen)
πετυχαίνω	πέτυχα	πετυχ-		treffen, erreichen, erzielen
πέφτω	έπεσα	πεσ-		fallen
πηγαίνω (πάω)	πήγα	πα-	**Imp. Aor.** πήγαινε / πάνε - πηγαίνετε / πάτε	gehen
πηδάω	πήδηξα	πηδηξ-		springen
πίνω	ήπια	πι-	**Imp. Aor.** πιες - πιείτε	trinken
πλένω	έπλυνα	πλυν-	**Aor. Pass.** πλύθηκα	waschen

Präsens Indikativ	Aorist Indikativ	Aorist- stamm	Besonderheiten	
προλαβαίνω	πρόλαβα	προλαβ-		erreichen
προφταίνω	πρόφτασα	προφτασ-		erreichen
σέρνω	έσυρα	συρ-	Aor. Pass. σύρθηκα	ziehen
στέκομαι			Aor. Ind. στάθηκα	stehen
στρέφω	έστρεψα	στρεψ-	Aor. Pass. στράφηκα	wenden
σωπαίνω	σώπασα	σωπασ-	Imp. Aor. σώπα - σωπάστε	schweigen
τρώω	έφαγα	φα-	Imp. Aor. φάε - φάτε	essen
τυχαίνω	έτυχα	τυχ-		zufällig treffen, eintreten
υπόσχομαι			Aor. Ind. υποσχέθηκα	versprechen
φαίνομαι			Aor. Ind. φάνηκα	scheinen
φεύγω	έφυγα	φυγ-	Imp. Aor. φύγε - φύγετε	weggehen, abfahren
φταίω	έφταιξα	φταιξ-		schuld sein
χαίρομαι			Aor. Ind. χάρηκα	sich freuen
χορταίνω	χόρτασα	χορτασ-		satt werden
υπάρχω	υπήρξα	υπαρξ-	Paratatikos υπήρχα	existieren

WÖRTERVERZEICHNIS

A

αγαθά, τα	Güter
αγάπη, η	Liebe
αγαπητός	lieb
αγγείο, το	Vase
Αγγλία, η	England
αγελάδα, η	Kuh
αγκαλιά, η	Umarmung
αγορά, η	Markt, Innenstadt
αγοράζω	kaufen
άγριος	wild
αγροτικός	ländlich
αγωνίζομαι	kämpfen
αδειάζω	leer werden, leer machen
αδερφή, η	Schwester
αδέρφια, τα	Geschwister
αδερφός, ο	Bruder
αεροπορικώς	per Luftpost
αθάνατος	unsterblich
αίμα, το	Blut
αίνιγμα, το	Rätsel
αίσθημα, το	Gefühl
αιώνας	Jahrhundert
ακίνητος	unbeweglich
άκρη, η	Ende, Rand, Spitze
ακτή, η	Küste
αλήθεια, η	Wahrheit
αληθινός	wahr
αλλάζω	wechseln
αλλοδαπός	ausländisch, Ausländer
αλοιφή, η	Salbe
αμάξι, το	Wagen, Auto
Αμερικανίδα, η	Amerikanerin
αμερικάνικος	amerikanisch
αμοιβή, η	Lohn
αμόνι, το	Amboß
αμπέλι, το	Weinberg
ανά	pro
αναγκάζω	nötigen, zwingen

αναλογία, η	Verhältnis
ανάλογος	analog, im Vergleich
αναλόγως	je nach dem
ανάλυση, η	Analyse
αναλυτικός	analytisch
ανάμνηση, η	Erinnerung
ανάποδος	umgekehrt
ανάπτυξη, η	Entwicklung
αναρωτιέμαι	sich fragen
ανασαίνω	atmen
ανασκαφές, οι	Ausgrabungen
ανάσκελα	auf dem Rücken
ανατολικός	östlich
αναφέρω	erwähnen, melden
αναχωρώ	abfahren
αναψυκτικά, τα	Erfrischungsgetränke
άνεμος, ο	Wind
ανήκω σε κάποιον	einem gehören
ανησυχώ	beunruhigt sein
ανηφοριά, η	Aufstieg, Steigung
ανήφορος, ο	Aufstieg
ανθίζω	blühen
ανθρώπινος	menschlich
ανοιξιάτικος	Frühlings-
ανταλλάζω	austauschen
ανταλλακτικά, τα	Ersatzteile
άντε!	auf gehts!
αντέχομαι	auszuhalten sein
αντέχω	aushalten, ertragen
αντίθετα	im Gegenteil
αντικρινός	gegenüberliegend
αντίκρυ	gegenüber
αξέχαστος	unvergeßlich
αξία, η	Wert
αξιοθέατα, τα	Sehenswürdigkeiten
αόρατος	unsichtbar
απαγορεύεται	es ist verboten

απαγορεύω	verbieten	αύξηση, η	Wachstum
απελευθέρωση, η	Befreiung	αυστηρός	streng
απίθανος	unwahrscheinlich	Αυστρία, η	Österreich
απλή, η	Normalbenzin	αυταπάτη, η	Selbstbetrug
απλός	einfach	αυτόματος	automatisch
απλώνω	ausbreiten	αφεντικό, το	Chef
απογοήτευση, η	Enttäuschung	αφρός, ο	Schaum
αποδείχνω	beweisen		
αποδίδω	etwas auf etwas zurückführen	**B**	
από κάτω	unten	βάθος, το	Tiefe, Hinter-
αποκλείεται	ausgeschlossen		grund
Αποκριά, η	Karneval, Fasching	βαθύς	tief
		βαλίτσα, η	Koffer
αποκρίνομαι	antworten	βαράω	schlagen
απόσταση, η	Entfernung	βάρδιες, οι	(Nacht)Schicht
απόφαση, η	Entschluß	βαριέμαι	sich langwei-
αποφασίζω	sich ent- schließen, beschließen		len, überdrüssig sein, keine Lust haben
αποφεύγω	meiden, entkommen	βαρύς	schwer
		βασανίζω	quälen
αποχαιρετάω	sich verab- schieden	βάσανο, το	Qual
		βαστάω	halten, tragen
απραξία, η	Untätigkeit	βελέντζα, η	Hirtenteppich
απροσδόκητος	unerwartet	βενζινάδικο, το	Tankstelle
αράζω	vor Anker gehen	βενζίνη, η	Benzin
		βιάζομαι	es eilig haben,
αργότερα	später		sich beeilen
αργώ	sich verspäten	βίλλα, η	Villa
αρμυρός	salzig	βιομηχανία, η	Industrie
αρπάζω	fassen, greifen	βιταμίνες, οι	Vitamine
		βιτρίνα, η	Schaufenster
αρχηγός, ο	Führer	βλάπτω	schaden,
αρχιτεκτονικός	Architektur-		beschädigen
άρωμα, το	Duft	βλαστημάω	fluchen
άσσος, ο	As	βλέμμα, το	Blick
αστερίας, ο	Seestern	βοράς, ο	Norden,
αστικός	städtisch		Nordwind
αστυνομία, η	Polizei	βότσαλο, το	Kieselstein
αστυνόμος, ο	Polizist	βουβός	stumm
ασφυξία, η	Ersticken	βούτυρο, το	Butter
ασχολούμαι	sich beschäf- tigen	βράζω	kochen
		βράχος, ο	Felsen
ατομικός	eigen, persönlich	βρεμμένος	angefeuchtet, naß
		βρέχει	es regnet
αυγή, η	Morgengrauen	βρέχω	naß machen

βρίσκομαι	sich befinden	γραμματόσημο, το	Briefmarke
βροχή, η	Regen	γρασίδι, το	Gras
βρώμα, η	Schmutz	γυμνάσιο, το	Gymnasium
βυθός, ο	Tiefe, Meeres-	γυμναστήριο, το	Turnhalle
	grund	γυμναστική, η	Turnen, Sport
		γυμνός	nackt
Γ		γυμνώνω	entblößen
		γυρεύω	suchen, bitten
γάιδαρος, ο	Esel	γυρνάω	herumgehen,
γαλανός	blau		zurückkehren
γαμπρός, ο	Schwiegersohn,	γύψος, ο	Gips
	Bräutigam	γωνία, η	Ecke
γάντι, το	Handschuh		
γδυτός	entkleidet		
γεγονός, το	Tatsache	**Δ**	
γείτονας, ο	Nachbar		
γειτονιά, η	Nachbarschaft	δαγκώνω	beißen
γενικός	allgemein	δαπάνη, η	Aufwand,
γέροντας, ο	alter Mann		Ausgaben
γερός	kräftig, stark	δάσκαλος, ο	Lehrer
γεύση, η	Geschmack	δάχτυλο, το	Finger
γεωγραφικός	geographisch	δέμα, το	Paket
γη, η	Erde	δέντρο, το	Baum
γήπεδο, το	Stadion	δηλώνω	anmelden
γιατρεύω	heilen	δημοσιογρά-	Journalist,
γίνομαι	geschehen,	φος, ο, η	-in
	werden,	δημόσιος	öffentlich
	stattfinden	διαβατήριο, το	(Reise)Paß
γιορτάζω	feiern,	διάβολος, ο	Teufel
	Namenstag feiern	στο διά(β)ολο!	zum Teufel!
γιορτή, η	Fest,	διαιρώ	teilen,
	Namenstagsfest		einteilen
γκλίτσα, η	Hirtenstab	διακοπές, οι	Ferien,
γλειφιτζούρι, το	Lutscher		Urlaub
γλεντάω	feiern	διακόπτω	unterbrechen
γλέντι, το	Fest	διαμαρτύρομαι	protestieren
γλιστράω	rutschen,	διαμέρισμα, το	Appartement,
	entschlüpfen		Unterteilung
γλύπτης, ο	Bildhauer	διάσπαρτος	verstreut
γλυτώνω	(sich) retten	διαταγή, η	Befehl
γνώμη, η	Meinung	διατάσσω	befehlen
γνώριμος	bekannt	διατρέχω	durchziehen
γνωστός	bekannt	διαύγεια, η	Klarheit
γονατίζω	niederknien	διάφορος	verschieden
γονείς, οι	Eltern	διεύθυνση, η	Adresse
γραμματο-	Briefkasten		Direktion
κιβώτιο, το		διήγημα, το	Erzählung

διηγούμαι	erzählen
δικαστήριο, το	Gericht
δίκη, η	Prozeß
δίκιο, το	Recht
διοικητικός	Verwaltungs-
διορθώνω	reparieren, verbessern
διορίζω	bestimmen, ernennen
δίχως	ohne
διψασμένος	durstig
δολλάριο, το	Dollar
δροσίζομαι	kühl werden
δροσίζω	kühlen
δυνατότητα, η	Möglichkeit
δυοσμαρίνι, το	Rosmarin
δυσάρεστος	unerfreulich
δυσκολία, η	Schwierigkeit
δυτικός	westlich
δώρο, το	Geschenk

E

εγγονάκι, το	Enkelchen
εγγόνι, το	Enkel
έγκαιρος	rechtzeitig
εγωιστής, ο	Egoist
έδαφος, το	Grund, Boden
εδώ και	seit
εθνικός	national
εθνικότητα, η	Nationalität
είδηση, η	Nachricht
ειδοποιώ	benachrichtigen
είδος, το	Art
ειρήνη, η	Friede
είσοδος, η	Eintritt, Eingang
εκατομμύριο, το	Million
εκεί πέρα	dort drüben
εκπαίδευση, η	Bildung
έκπληξη, η	Überraschung
εκπροσωπώ	vertreten
εκπτώσεις, οι	Schlußverkauf
έκπτωση, η	Preisermäßigung
ελάχιστος	wenigster, geringster

ελβετικός	schweizerisch
ελέγχω	kontrollieren
ελευθερία, η	Freiheit
Ελληνόπουλο, το	griechisches Kind
εμβατήριο, το	Marsch
εμετός, ο	Erbrechen
ενδιαφέρομαι	sich interessieren
ενικός, ο	Einzahl
ενισχύω	verstärken
ενοίκιο, το	Miete
έντομο, το	Insekt
εντύπωση, η	Eindruck
εντυπωσιακός	eindrucksvoll
ενώνω	vereinen
εξαίρεση, η	Ausnahme
εξαργυρώνω	auszahlen
εξαρτάται	es hängt davon ab
εξαφανίζομαι	verschwinden
εξετάζω	prüfen
εξής	folgend
έξοδος, η	Ausgang
εξομολόγηση, η	Beichte, Geständnis
εξυπηρέτηση, η	Bedienung
εξυπνάδα, η	Intelligenz, «Witz»
εξωτερικό, το	Ausland
επανάσταση, η	Revolution, Aufstand
επαφή, η	Berührung
έπειτα	dann, darauf
επίθεση, η	Angriff
επιθεώρηση, η	Revue
επιθυμία, η	Wunsch
επικρατώ	herrschen
επιμένω	beharren
έπιπλα, τα	Möbel
επιπλωμένος	möbliert
επίσημος	offiziell
επίσης	auch
επιστήμονας, ο	Wissenschaftler
επιτρέπεται	es ist erlaubt
επιτρέπω	erlauben
επιτυχαίνω	erreichen, Erfolg haben, gelingen
επιτυχία, η	Erfolg

επιφάνεια, η	Fläche, Oberfläche
επιχείρημα, το	Argument
επιχειρώ	versuchen
εποχή, η	Epoche, Zeit
εργάζομαι	arbeiten
εργαζόμενος	arbeitend
εργάτης, ο	Arbeiter
έργο, το	Theaterstück, Film, Werk
έρχομαι	kommen
ερχόμενος	kommend
έρωτας, ο	Eros, Liebe
έστω	«seis drum» «aber lassen wir das»
έτοιμος	fertig
έτος, το	Jahr (offiziell)
ευαίσθητος	empfindlich
ευγενικός	höflich
εύζωνας, ο	Evzone
ευπρεπισμός, ο	Körperpflege
ευρωπαϊκός	europäisch
Ευρώπη, η	Europa
ευχαριστημένος	zufrieden
ευχάριστος	angenehm
ευχή, η	Wunsch
εύχομαι	wünschen
εφιάλτης, ο	Alptraum
εχθρός, ο	Feind

Z

ζεσταίνομαι	warm werden
ζεσταίνω	anwärmen
ζευγάρι, το	Paar
ζούγκλα, η	Dschungel
ζουμί, το	Sauce
ζωηρός	lebendig
ζωντανός	lebend

H

ηθοποιός, ο	Schauspieler
ηλιοβασίλεμα, το	Sonnenuntergang
ηπειρωτικός	festländisch
ηρωίδα, η	Heldin
ησυχάζω	(sich) beruhigen
ήσυχος	ruhig

Θ

θάβω	graben
θάνατος, ο	Tod
θαυμάσιος	wunderbar
θέαμα, το	Spektakel, Schauspiel
θεία, η	Tante
θεραπεία, η	Heilung
θετικός	positiv
θεωρία, η	Theorie
θεωρώ	halten für
θηρίο, το	wildes Tier
θύελλα, η	Sturm
θυμάμαι	sich erinnern
θύμηση, η	Erinnerung
θυμώνω	sich aufregen zornig werden, wütend werden
θωρώ	schauen

I

ιδέα, η	Idee
ίσα	geradeaus
ιστορικός	historisch
ίχνος, το	Spur

K

καημένος	arm
καημένος, ο	Armer (auch ironisch)
κάθε τόσο	immer wieder
καθημερινός	täglich
κάθομαι	sitzen, sich setzen
καίγομαι	brennen, verbrennen

καίω	brennen, verbrennen	κερδίζω	gewinnen, Geld verdienen
κακό, το	Übel	κέφι, το	Laune
κακομοίρης, ο	«Armer», «von allen guten geistern Verlassener»	κίνηση, η	Bewegung
		κλαδί, το	Ast
		κλάμα, το	Weinen
		κλέβω	stehlen
καλλυντικά, τα	Kosmetika	κλειδί, το	Schlüssel
καλοριφέρ, το	Heizung	κλειστός	geschlossen
καλοσύνη, η	Freundlichkeit	κλέφτης, ο	Dieb
κάλτσα, η	Strumpf	κληρώνομαι	ausgelost werden
καλτσόν, το	Strumpfhose	κλήρωση, η	Ziehung, Verlosung
καλώ	rufen, einladen	κοιμάμαι	schlafen
κάμπιγκ, το	Camping	κόκαλο, το	Knochen
καμπινές, ο	Toilette	κόκορας, ο	Hahn
κάμπος, ο	Feld, Flachland, Ebene	κόλαση, η	Hölle
		κόλλα, η	Blatt Papier, Kleber
κανονικός	normal, regelmäßig	κολλάω	kleben
		κόλπο, το	Trick
κάνω λάθος	sich irren (einen Fehler machen)	κόλπος, ο	Bucht
		κολυμβητήριο, το	Schwimmbad
		κολύμπι, το	Schwimmen
κάνω παρέα	befreundet sein	κομμωτήριο, το	Frisiersalon
κάπνισμα, το	Rauchen	κόπος, ο	Mühe
καπνός, ο	Tabak	κόρη, η	Tochter
καπό, το	Motorhaube	κοριός, ο	Wanze
καράβι, το	Schiff	κορμί, το	Körper
καραμέλα, η	Bonbon	κορμός, ο	Leib
καρέκλα, η	Stuhl	κοροϊδεύω	anschmieren, verspotten, auslachen
καρπούζι, το	Wassermelone		
καρτ ποστάλ, η	Postkarte	κουβέντα, η	Gespräch
καταραμένος	verflucht	κουβεντιάζω	sich unterhalten
κατά τα άλλα	sonst, im übrigen	κουμπάρα, η	(Hochzeits)Patin
καταφέρνω	fertigbringen, (es) schaffen	κουνάω	bewegen
		κούνια, η	Schaukel
κατεβάζω	herunterholen	κουνούπι, το	Mücke
κατεπείγον	per Eilboten	κουράζομαι	sich anstrengen, müde werden
κατεύθυνση, η	Richtung		
κάτοικος, ο	Einwohner	κουρασμένος	müde
κατοχή, η	Besetzung	κούτελο, το	Stirn
κεντρικός	zentral, Haupt-	κουτί, το	(Brief)Kasten
κέντρο, το	Innenstadt, auch: Lokal	κόψιμο, το	Schneiden (der Haare)
κερασιά, η	Kirschbaum	κρατάω	halten
κέρατο, το	Horn		

κράτος, το	Staat
κράχτης, ο	Ausrufer
κρυμμένος	versteckt
κρυφά	heimlich
κρυωμένος	erkältet
κτήριο, το	Gebäude
κυκλοφορώ	umherlaufen, sich bewegen
κυλάω	rollen
κυπαρίσσι, το	Zypresse
κυρά, η	Frau (in vertrautem Umgang)
Κυριακή, η	Sonntag
κύριος	hauptsächlich, haupt-

Λ

λάκος, ο	Grube
λάστιχο, το	Gummi(reifen)
λατομείο, το	Steinbruch
λαχείο, το	Los
λαχειοπώλης, ο	Losverkäufer
λαχταράω	sich sehnen
λεγόμενος	sogenannt
λειτουργία, η	Liturgie
λείψανο, το	Leiche
λεπτομέρεια, η	Einzelheit
λιγνός	dünn
λίμνη, η	See
λίτρο, το	Liter
λογαριάζω	rechnen, berechnen
λούζομαι	sich die Haare waschen
λούζω	jem. die Haare waschen
λουλούδι, το	Blume
λούσιμο, το	Waschen (der Haare)
λόφος, ο	Hügel
λοχίας, ο	Feldwebel
λύκειο, το	Lyzeum
λύκος, ο	Wolf
λυπάμαι	betrübt sein, bedauern

M

μαγαζί, το	Geschäft, Laden
μαγικός	magisch
μαζεύω	sammeln
μαθήτρια, η	Schülerin
μαΐστρος, ο	Nordwestwind
μακάρι	schön wärs
μακαρονάδα, η	Spaghettigericht
μακροβούτι, το	Tauchen
μακρύς	lang, weit
μαλώνω	sich streiten, schimpfen
μάνα, η	Mutter
μάρκο, το	DM
μάστορας, ο	Meister
μασχάλη, η	Achsel
ματιά, η	Blick
ματώνω	bluten
μελαχρινός	dunkelhäutig
μέλλον, το	Zukunft
μεριά, η	Seite
μέρος, το	Teil, Platz, Gegend, auch: Toilette
μεσάνυχτα, τα	Mitternacht
μέσον, το	Mittel
μεταμορφώνομαι	sich wandeln
μετανοώ	betreuen
μεταξύ	zwischen, «unter»
μεταφέρω	transportieren
μετάφραση, η	Übersetzung
μετρημένος	gemessen
μέτρο, το	Meter, Maß
μήκος, το	Länge
μηχανάκι, το	Apparat, kleine Maschine
μηχάνημα, το	Maschine
μια και	da (kausal), wo doch, weil
μικραίνω	kleiner, kürzer werden, - machen
μόδα, η	Mode
μοναστήρι, το	Kloster

μονόδρομος, ο	Einbahnstraße
μονόκλινο (δωμάτιο), το	Einzelzimmer
μονότονος	monoton
μορφή, η	Gestalt, Form
μορφολογία, η	Morphologie
μοτοσυκλέτα, η	Motorrad
μουσείο, το	Museum
μουσκεύω	einweichen
μπάγκος, ο	Bank (zum Sitzen)
μπάνιο, το	Bad
μπαρμπούνι, το	Barbe
μπελάς, ο	Ärger Ärgernis
μπισκότο, το	Keks
μπλούζα, η	Bluse, Pulli
μπόι, το	Wuchs, Größe
μπουζουκτζής, ο	Busukispieler
μπουκάλι, το	Flasche
μπούρδες, οι	Unsinn, Quatsch
μπράτσο, το	Arm
μπρούσικος	herb
μύδι, το	Miesmuschel
μυρωδιά, η	Geruch

N

ναυμαχία, η	Seeschlacht
νεκρός	tot
νεκρώσιμος	toten-, trauer-
νεολαία, η	Jugend
νεότητα, η	Jugend
νηπιαγωγείο, το	Kindergarten
νηστεία, η	Fasten
νηστήσιμα, τα	Fastenspeisen
νικάω	gewinnen, besiegen
νικητής, ο	Gewinner
νοικιάζω	mieten, vermieten
νοικοκυρά, η	(Zimmer)Wirtin
νοικοκυριό, το	Haushalt
νομίζω	glauben, meinen

νότιος	südlich
νους, ο	Geist, Verstand
ντισκοτέκ, η	Diskothek
ντόρτια	«Doppelvierer» beim Würfeln
ντους, το	Dusche
ντρέπομαι	sich schämen
ντυμένος	angezogen, (hier: ver- kleidet)
ντύνομαι	sich anziehen
ντύσιμο, το	Anziehen

Ξ

ξακουστός	berühmt
ξανά	wieder, erneut
ξανθός, -ιά, -ό	blond
ξαπλωμένος	ausgebreitet, liegend
ξεκάθαρος	ganz klar
ξεκινάω	aufbrechen, abfahren, starten
ξεμπλέκω	sich heraus- winden
ξένος	ausländisch
ξενύχτι, το	Aufbleiben, Nachtschwärmerei
ξεπερνάω	überholen übertreffen
ξερός	trocken
ξεσυνηθίζω	entwöhnt werden
ξοδεύω	ausgeben
ξύλο, το	Holz, auch: Schläge
ξυριστική μηχανή, η	Rasierapparat

Ο

οδηγίες, οι	Gebrauchs- anweisung
οδοντόβουρ- τσα, η	Zahnbürste

οδός, η	Straße (bei offiziellen Angaben)
οικιακός	häuslich, Haushalt-
οικισμός, ο	Siedlung
οικονομικός	wirtschaftlich
όλο	immer
όλο κι όλο	im ganzen
ολόγυμνος	ganz nackt
ολοκληρώνω	vollenden
ομαδικός	gemeinsam
ομίχλη, η	Nebel
ομώνυμος	gleichlautend
όνειρο, το	Traum
όνομα, το	Name
ονομάζω	(be)nennen
όπλο, το	Gewehr, Waffe
ο οποίος, η οποία, το οποίο	welcher (deklinierbares Relativpronomen)
όποτε	jedesmal wenn
όπως	wie
οργανισμός, ο	Organisation
οργάνωση, η	Organisation
ορεινός	gebirgig
όρθιος	im Stehen aufrecht, gerade
ορφανός	Waise
όσο	so viel
όσο και αν	so sehr auch
ουδέποτε	nie
ουρά, η	(Menschen) Schlange
ουρλιάζω	heulen, brüllen
όχθη, η	Ufer

Π

παθαίνω	erleiden
παιδικός	Kinder-
παιδικός σταθμός	Kindergarten
παλιώνω	alt werden
παλιά	alt (v. Sachen)
παλμός, ο	Pulsschlag
πάμπολλα	sehr viele

Παναγία, η	«Allerheiligste» = Mutter Gottes
πανηγύρι, το	Fest, Kirmes, Jahrmarkt
παντού	überall
πάπια, η	Ente
παρά	als, außer
π.χ. - παραδείγματος χάριν	z.B. - zum Beispiel
παράθυρο, το	Fenster
παρανόηση, η	Mißverständnis
παραπονιέμαι	sich beschweren, beklagen
παράπονο, το	Beschwerde
παράσταση, η	Vorstellung
παρατάω	etwas aufgeben
παράφορος	leidenschaftlich
παρ' όλα αυτά	trotzdem
παρόν, το	Gegenwart
παρουσία, η	Anwesenheit
παρουσιάζω	vorstellen, vorführen, präsentieren
παρτίδα, η	Partie
Πάσχα, το	Ostern
πατάω	treten
πατρίδα, η	Heimat
πατσαβούρα, η	Putzlappen, Lumpen
παχύς	fett
πεδιάδα, η	Ebene
πεθαίνω	sterben
πεθαμένος, ο	Toter
πεθερά, η	Schwiegermutter
πείνα, η	Hunger
πειράζει	es macht was aus
πειρασμός, ο	Versuchung
πέλαγος, το	Meer
περιβάλλον, το	Umwelt
περιγράφω	beschreiben
περίεργος	merkwürdig, neugierig
περιεχόμενο, το	Inhalt
περιλαμβάνω	umfassen
περιοχή, η	Gegend
περίπου	ungefähr

- 182 -

περιπτεράς, ο	Verkäufer im Kiosk
περίπτερο, το	Kiosk
περίφημος	berühmt, prächtig
πέρυσι	im vergangenen Jahr
πετάω	fliegen, weg-, rauswerfen, irgendwohin-bringen
πέτρα, η	Stein
πετυχαίνω	erreichen, Erfolg haben, gelingen, erzielen
πηγή, η	Quelle
πια	mehr
πιάνομαι	handgemein werden
πιάτο, το	Teller
πίεση, η	Druck, Luftdruck, Blutdruck
πιρούνι, το	Gabel
πισίνα, η	Schwimmbad
πίττα, η	Pastete
πλαγιά, η	Hang
πλάνο, το	Plan
πλατεία, η	Platz
πλατύς	breit
πλέκω	stricken
πλένομαι	sich waschen
πλευρό, το	Seite
πλήθος, το	Menge, Masse
πληθυσμός, ο	Bevölkerung
πληροφορία, η	Information
πλησιάζω	sich nähern, sich wenden an
πλυντήριο, το	Waschmaschine
πνίγομαι	ertrinken, ersticken
πολεμικός	Kriegs-
πόλεμος, ο	Krieg
πολιτικός	politisch
πολιτισμός, ο	Kultur, Zivilisation

πολιτιστικός	kulturell
πολύτιμος	wertvoll
πονεμένος	leidend
πονηρός	schlau
πόνος, ο	Schmerz
ποντικός, ο	Maus
ποτάμι, το	Fluß
ποταμός, ο	Fluß
πότε πότε	hin und wieder
πουκάμισο, το	Hemd
πουλί, το	Vogel
πραγματοποιώ	verwirklichen
πρακτορείο, το	Agentur, Büro
πράξη, η	Praxis, Tat
πριν	vor, bevor
τις προάλλες	neulich
πρόβατο, το	Schaf
πρόβλημα, το	Problem
πρόγονος, ο	Vorfahre
προδότης, ο	Verräter
πρόεδρος, ο	Präsident
πρόθεση, η	Absicht
προϊστάμενος, ο	Vorgesetzter, Chef
προκαλώ	hervorrufen, provozieren
προκοπή, η	Fortschritt
προπό, το	Toto
προς	in Richtung auf
προσεχτικός	vorsichtig
προσέχω	aufpassen
πρόσκληση, η	Einladung
προσπάθεια, η	Bemühung
προσπαθώ	sich bemühen
προσφέρω	anbieten, vorbringen
προσωπικός	persönlich
πρόσωπο, το	Person
προτείνω	vorschlagen
προτιμάω	vorziehen, lieber wollen
προφέρω	aussprechen
προφταίνω	erreichen
προχτές	vorgestern, neulich
πρωινό, το	Frühstück
Πρωτομαγιά, η	1. Mai

πρώτον	erstens	σκάλα, η	Treppe
Πρωτοχρονιά, η	Neujahr	σκαλίζω	graben
πρωτύτερα	vorher	σκάνω	platzen,
πτώμα, το	Leiche		platzen lassen
πυκνός	dicht	σκέφτομαι	denken
		σκεύος, το	Gerät
		σκέψη, η	Gedanke
P		σκηνή, η	Bühne
		σκηνοθεσία, η	Regie
ρέμβη, η	Träumerei	σκλάβος, ο	Sklave
ρήμα, το	Verb	σκληρός	hart
ριγώνω	linieren	σκοπός, ο	Ziel, Zweck
ρούχα, τα	Kleider	έχω σκοπό	vorhaben
ρουχισμός, ο	Kleidung	σκοτώνω	töten
		σκούφος, ο	Mütze
Σ		σόμπα, η	Ofen
		σούβλα, η	Spieß
		σουπερμάρκετ, το	Supermarkt
σακατεμένος	verstümmelt	στάζω	tropfen
σάκος, ο	Sack	στάμνα η	Wasserkrug
σάλτσα, η	Sauce	στάση, η	Haltestelle
σα να	als ob	στατιστικός	statistisch
σαπούνι, το	Seife	σταυρός, ο	Kreuz
σβήνω	löschen	στέγη, η	Dach
σε λίγο	in kurzem, bald	στέγνωμα, το	Trocknen
σειρά, η	Reihe	στεγνώνω	trocken werden,
σελανίζω	glänzen		trocknen
σελίνι, το	Schilling	στέκομαι	(da)stehen,
σέρνω	ziehen		stehen bleiben
σηκώνομαι	aufstehen,	στέλνω	schicken
	sich erheben	στενός	eng, schmal
σηκώνω	aufheben,	στενοχωριέμαι	bedrückt
	hochheben		deprimiert sein
σημαδεύω	(kenn)zeichnen,	στερνός	später-, letzt-
	markieren,	στοιχείο, το	Element
	zielen	στοιχίζει	es kostet
σημαίνω	bedeuten	στολίζω	schmücken
σημείο, το	Stelle, Punkt	στόχος, ο	Ziel,
σημερινός	heutig		Zielscheibe
σιγά	ruhig, leise,	στρατηγός, ο	General
	langsam	στρατιώτης, ο	Soldat
σίγουρος	sicher	στρατοδικείο, το	Militärgericht
σινεμά, το	Kino	στρατός, ο	Heer, Militär
σιχαίνομαι	sich ekeln	στρίβω	abbiegen
σιωπή, η	Schweigen	στρώμα, το	Bett, Matratze
σκάβω	graben	στρώνω	ausbreiten
σκάζω	platzen	στυλωμένος	gestützt

συγγραφέας, ο	Schriftsteller, Autor	σφιχτός	fest
συγκάτοικος, ο	Mitbewohner	σφουγγάρι, το	Schwamm
συγκεκριμένα	konkret	σχεδιάστρια, η	Zeichnerin
συγκέντρωση, η	Versammlung	σχεδόν	beinahe
συγκινώ	bewegen	σχέση, η	Bezug, Verhältnis
συγκοινωνία, η	Verkehrs- verbindung	σχετικός	relativ
συγκρότημα, το	Gruppe, Block	σχολικός	Schul-
σύγχρονος	heutig, zeitgemäß	σώμα, το	Körper
σύγχυση, η	Durcheinander	ένα σωρό	eine Menge
συζητάω	sich unterhalten	σωστός	richtig
συλλαβή, η	Silbe		
συλλογίζομαι	denken an	**T**	
συμβιβασμός, ο	Kompromiß		
συμβουλή, η	Rat	τακτικός	regelmäßig
συμπάθεια, η	Sympathie	ταμείο, το	Kasse
συμπίπτω	zusammenfallen	ταμίας, ο	Kassierer
συμπληρώνω	ergänzen	ταμπέλα, η	Schild
συμφωνία, η	Abmachung	τάξη, η	Klasse
σύμφωνος	einverstanden, übereinstimmend	ταξίδι, το	Reise
συμφωνώ	übereinstimmen	ταραγμένος	erschreckt
συνάδελφος, ο,η	Kollege, -in	τάχα	angeblich
συναντάω	treffen	ταχυδαχτυ- λουργός, ο	Taschenspieler, Zauberer
συνάχι, το	Schnupfen	ταχυδρομείο, το	Post
συνεννοούμαι	sich verständigen	τέλειος	komplett, vollkommen
συνεργασία, η	Zusammenarbeit		
συνέχεια	dauernd, laufend, fortwährend	τελείως	vollständig
συνέχεια, η	Fortsetzung	τελευταίος	letzter
συνεχώς	fortwährend, ständig	τελώνης, ο	Zollbeamter
		τεμενάς, ο	Verbeugung
συνήθεια, η	Gewohnheit	τετραγωνικός	quadratisch
συννεφιασμένος	bewölkt	τετράγωνο, το	Quadrat
συνολικά	insgesamt	τηλεόραση, η	Fernsehapparat, Fernsehen
σύνολο, το	Gesamtheit	τηλεφωνώ	telefonieren
σύνορα, τα	Grenzen	τιμή, η	Preis, Ehre
σύντομα	schnell, bald	τίμιος	ehrlich
συντροφεύω	begleiten	τόπος, ο	Ort, Platz
συρτάκι, το	Sirtaki-Tanz	τόση ώρα	so lange (Zeit)
συστημένο	eingeschrieben	τόσον καιρό	so lange
σφάζω	schlachten	τόσο ... όσο	so ... wie
σφαίρα, η	Kugel	τουρισμός, ο	Tourismus
σφίγγω	drücken, pressen	τουρίστας, ο	Tourist
		Τουρκάκια, τα	Türkenkinder
		Τούρκος, ο	Türke

τουφέκι, το	Gewehr	υπολογισμός, ο	Schätzung
τουφεκιά, η	Gewehrschuß	υπόλοιπο, το	restlich, Rest
τραβάω	ziehen,	υπόσχομαι	versprechen
	erleiden	υποχρεώνω	jem. verpflichten
τραγωδία, η	Tragödie	υφαντό, το	gewebter Stoff
τράπεζα, η	Bank (für Geld)	ύφος, το	Stil
τραπεζάκι, το	Tischchen	υψηλός	hoch
τραπεζικός	Bank-	= ψηλός	
τραύμα, το	Wunde	ύψος, το	Höhe
τριγυρίζω	herumschleichen		
τρικυμία, η	Meeressturm		
τριφύλλι, το	Klee	**Φ**	
τρόλεϊ, το	O-Bahn (Bus mit		
	elektrischer Ober-	φαίνομαι	scheinen
	leitung)		erscheinen
τρομαγμένος	entsetzt	φάκελος, ο	Briefumschlag,
τρόφιμα, τα	Eßwaren		Akte, Dossier
τρύπα, η	Loch	φάμπρικα, η	Fabrik
τσακώνομαι	sich streiten	φαντάζομαι	glauben, sich
τσάντα, η	Handtasche		vorstellen
τσιμπάω	beißen, kneifen,	φαντάρος, ο	Rekrut
	eine Kleinigkeit	φαντασία, η	Einbildung
	essen	φάντασμα, το	Gespenst
τσίρκο, το	Zirkus	φαρδύς	breit
τυχαίνω	zufällig treffen,	φάρμακο, το	Arznei
	eintreten	φασαρία, η	Lärm, Trubel,
τυχερός	glücklich,		Krach
	vom Glück be-	φέγγω	hell werden,
	günstigt		-machen
		φέρετρο, το	Sarg
Y		φέτος	in diesem Jahr
		φίδι, το	Schlange
		φιλάω	küssen
υγεία, η	Gesundheit	φλέγομαι	in Flammen stehen
υγιεινός	gesund	φλουρί, το	Goldmünze
υγιεινή, η	Hygiene	φοβάμαι	sich fürchten
υγρασία, η	Feuchtigkeit,	φοιτητής, ο	Student
	Nässe	φοιτήτρια, η	Studentin
υπάλληλος, ο	Beamter,	φονικό, το	Mord
	Angestellter	φοράω	tragen (von
υπερβάλλω	übertreiben		Kleidung)
υπηρεσία, η	Dienst	φορητός	tragbar
υπνοδωμάτιο, το	Schlafzimmer	φορολογώ	verzollen
υπογραφή, η	Unterschrift	φορτηγό, το	Lastwagen
υπογράφω	unterschreiben	φράγκο, το	Franken (Geld)
υπόθεση, η	Sache	φρόνηση, η	Vernunft
υποκύπτω	sich beugen	φροντίδα, η	Sorge

φροντιστήριο, το	private Bildungs-einrichtung	χρόνος, ο	Jahr
φταίω	schuld sein	χρυσάφι, το	Gold
φταρνίζομαι	niesen	χτενίζομαι	sich kämmen
φτερουγίζω	flattern	χτένισμα, το	Legen (der Haare)
φτιάχνω	schaffen, reparieren	χτες	gestern
		χύμα	offen, lose, nicht verpackt
φτωχός	arm	χύτρα, η	Topf
φυτεύω	pflanzen	χώμα, το	Erde
φως, το	Licht	χωνεύω	verdauen,
φωτεινός	hell		ausstehen können
φωτογράφηση, η	Fotografieren	χώρα, η	Land
		χωράφι, το	Acker, Feld
X		χωρίζω	teilen, aufteilen, trennen
χαζός	doof	χωριό, το	Dorf
χαιρετάω	grüßen	χώρος, ο	Platz, Raum
χαίρομαι	sich freuen	χωροφύλακας, ο	Gendarm
χαλί, το	Teppich		
χάλια, τα	schlechter Zustand		
χαλκιάς, ο	Schmied	**Ψ**	
χαμηλός	niedrig		
χαμηλώνω	senken, schwächer werden, -machen	ψάλλω	singen (in der Kirche)
χάνω	verlieren	ψάχνω	suchen
χαρά, η	Freude, Annehm-lichkeit	ψείρα, η	Laus
		ψήνω	braten
χαρτί, το	Papier	ψιχαλίζει	es tröpfelt
χασμουριέμαι	gähnen	ψοφάω	krepieren
χείλη, τα	Lippen	ψυγείο, το	Kühlschrank
χερσόνησος, η	Halbinsel	ψώνια, τα	Einkauf
χιλιόμετρο, το	Kilometer		
χιονίζει	es schneit		
χορός, ο	Tanz	**Ω**	
χορταίνω	satt werden		
χρειάζομαι	brauchen	ως	bis
χρήσιμος	nützlich	ωστόσο	dennoch
χριστιανός, ο	Christ	ωφελώ	nützen
Χριστούγεννα, τα	Weihnachten		
χριστουγεννιά-τικος	weihnachtlich		

A

abbiegen	στρίβω
abfahren	ξεκινάω
	αναχωρώ
abhängig sein	εξαρτάμαι
es hängt davon ab	εξαρτάται
Abmachung	συμφωνία, η
Absicht	πρόθεση, η
Achsel	μασχάλη, η
Acker	χωράφι, το
Adresse	διεύθυνση, η
Ärger	μπελάς, ο
Agentur	πρακτορείο, το
Akte	φάκελος, ο
allgemein	γενικός
als (vergleichend)	παρά
als ob	σα να
alt (v. Sachen)	παλιός
analog	ανάλογος
Analyse	ανάλυση, η
anbieten	προσφέρω
angenehm	ευχάριστος
Angestellter	υπάλληλος, ο
Angriff	επίθεση, η
anmelden	δηλώνω
sich anstrengen	κουράζομαι
antworten	αποκρίνομαι, απαντάω
Anwesenheit	παρουσία, η
sich anziehen	ντύνομαι
Appartement	διαμέρισμα, το
arbeiten	εργάζομαι
arbeitend	εργαζόμενος
Arbeiter	εργάτης, ο
Argument	επιχείρημα, το
Arm	μπράτσο, το
arm	φτωχός
Art	είδος, το
Arznei	φάρμακο, το
Ast	κλαδί, το
atmen	ανασαίνω
auch	επίσης
aufbrechen	ξεκινάω
etwas aufgeben	παρατάω
aufheben	σηκώνω
aufpassen	προσέχω

aufrecht	όρθιος
sich aufregen	θυμώνω
Aufstand	επανάσταση, η
aufstehen	σηκώνομαι
Aufstieg	ανήφορος, ο
Aufwand	δαπάνη, η
ausbreiten	απλώνω
Ausgaben	δαπάνη, η
Ausgang	έξοδος, η
ausgeben	ξοδεύω
ausgebreitet	ξαπλωμένος
ausgeschlossen	αποκλείεται
Ausgrabungen	ανασκαφές, οι
aushalten	αντέχω
auslachen	κοροϊδεύω
Ausländer	αλλοδαπός, ο
ausländisch	ξένος, αλλοδαπός
Ausland	εξωτερικό, το
Ausnahme	εξαίρεση, η
aussprechen	προφέρω
ausstehen können	χωνεύω
austauschen	ανταλλάζω
auszahlen	εξαργυρώνω
Auto	αμάξι, το
automatisch	αυτόματος
Autor	συγγραφέας, ο

B

Bad	μπάνιο, το
bald	σύντομα, σε λίγο
Bank (zum Sitzen)	μπάγκος, ο
Bank (für Geld)	τράπεζα, η
Baum	δέντρο, το
Beamter	υπάλληλος, ο
bedauern	λυπάμαι
bedeuten	σημαίνω
Bedienung	εξυπηρέτηση, η
bedrückt sein	στενοχωριέμαι
sich beeilen	βιάζομαι
Befehl	διαταγή, η
befehlen	διατάσσω
sich befinden	βρίσκομαι
Befreiung	απελευθέρωση, η
befreundet sein	κάνω παρέα
begleiten	συντροφεύω

beharren	επιμένω	Blick	ματιά, η
Beichte	εξομολόγηση, η		βλέμμα, το
beinahe	σχεδόν	blond	ξανθός, -ιά, -ό
zum Beispiel (z.B.)	παραδείγματος	blühen	ανθίζω
	χάριν (π.χ.)	Blume	λουλούδι, το
beißen	τσιμπάω,	Bluse	μπλούζα, η
	δαγκώνω	Blut	αίμα, το
bekannt	γνωστός	Blutdruck	πίεση, η
sich beklagen	παραπονιέμαι	bluten	ματώνω
sich bemühen	προσπαθώ	Boden	έδαφος, το
Bemühung	προσπάθεια, η	Bonbon	καραμέλα, η
benachrichtigen	ειδοποιώ	braten	ψήνω, τηγανίζω
benennen	ονομάζω	brauchen	χρειάζομαι
Benzin	βενζίνη, η	breit	φαρδύς, πλατύς
berechnen	λογαριάζω	brennen	καίω, καίγομαι
bereuen	μετανοώ	Briefkasten	γραμματικιβώ-
berühmt	περίφημος		τιο, το
Berührung	επαφή, η	Briefmarke	γραμματόσημο, το
(sich) beruhigen	ησυχάζω	Briefumschlag	φάκελος, ο
beschädigen	βλάπτω	Bruder	αδερφός, ο
sich be-	ασχολούμαι	brüllen	ουρλιάζω
schäftigen		Bucht	κόλπος, ο
beschließen	αποφασίζω	Bühne	σκηνή, η
beschreiben	περιγράφω	Büro	πρακτορείο, το
Beschwerde	παράπονο, το	Butter	βούτυρο, το
sich beschweren	παραπονιέμαι		
Besetzung	κατοχή, η		
besiegen	νικάω	**C**	
bestimmen	διορίζω		
betrübt sein	λυπάμαι	Camping	κάμπιγκ, το
Bett	κρεβάτι, το	Chef	προϊστάμενος, ο
sich beugen	υποκύπτω		αφεντικό, το
beunruhigt sein	ανησυχώ	Christ	χριστιανός, ο
Bevölkerung	πληθυσμός, ο		
bevor	πριν, προτού		
bewegen	συγκινώ, κουνάω	**D**	
sich bewegen	κυκλοφορώ		
Bewegung	κίνηση, η	da	εδώ, να,
beweisen	αποδείχνω		μια και (kausal)
bewölkt	συννεφιασμένος	Dach	στέγη, η
Bezug	σχέση, η	dann	έπειτα
Bildung	εκπαίδευση, η	dauern	βαστάω
Bildhauer	γλύπτης, ο	dauernd	συνέχεια
bis	ως	denken	σκέφτομαι
bitten	γυρεύω	denken an	συλλογίζομαι
Blatt Papier	κόλλα, η	dennoch	ωστόσο
blau	γαλανός, μπλε	deprimiert sein	στενοχωριέμαι

dicht	πυκνός
Dieb	κλέφτης, ο
Dienst	υπηρεσία, η
Direktion	διεύθυνση, η
Diskothek	ντισκοτέκ, η
Dollar	δολλάριο, το
doof	χαζός
Dorf	χωριό, το
dort drüben	εκεί πέρα
Druck	πίεση, η
drücken	σφίγγω
Dschungel	ζούγκλα, η
dünn	λιγνός
Duft	άρωμα, το
durstig	διψασμένος
Dusche	ντους, το

E

Ebene	κάμπος, ο
	πεδιάδα, η
Ecke	γωνία, η
Ehre	τιμή, η
ehrlich	τίμιος
eigen	ατομικός
es eilig haben	βιάζομαι
Einbahnstraße	μονόδρομος, ο
Einbildung	φαντασία, η
Eindruck	εντύπωση, η
eindrucksvoll	εντυπωσιακός
einfach	απλός
Eingang	είσοδος, η
eingeschrieben	συστημένος
Einkauf	ψώνια, τα
einladen	καλώ
Einladung	πρόσκληση, η
einteilen	διαιρώ
Eintritt	είσοδος, η
einverstanden	σύμφωνος
einweichen	μουσκεύω
Einwohner	κάτοικος, ο
Einzahl	ενικός, ο
Einzelheit	λεπτομέρεια, η
Einzelzimmer	μονόκλινο
	(δωμάτιο), το
sich ekeln	σιχαίνομαι

Element	στοιχείο, το
Eltern	γονείς, οι
empfindlich	ευαίσθητος
eng	στενός
England	Αγγλία, η
Enkel	εγγόνι, το
entblößen	γυμνώνω
Ente	πάπια, η
Entfernung	απόσταση, η
sich ent-schließen	αποφασίζω
Entschluß	απόφαση, η
entsetzt	τρομαγμένος
Enttäuschung	απογοήτευση, η
Entwicklung	ανάπτυξη, η
Epoche	εποχή, η
Erde	χώμα, το,
	γη, η
Erfolg	επιτυχία, η
Erfrischungs-getränke	αναψυκτικά, τα
Erfolg haben	πετυχαίνω
ergänzen	συμπληρώνω
sich erheben	σηκώνομαι
sich erinnern	θυμάμαι
Erinnerung	ανάμνηση, η
erkältet	κρυωμένος
erlauben	επιτρέπω
es ist erlaubt	επιτρέπεται
erleiden	παθαίνω
ernennen	διορίζω
erneut	ξανά
erreichen	προφταίνω, πετυχαίνω
Ersatzteile	ανταλλακτικά, τα
erscheinen	φαίνομαι
erschreckt	ταραγμένος
erstens	πρώτον
ersticken	πνίγομαι
ertragen	αντέχω
ertrinken	πνίγομαι
erwähnen	αναφέρω
erzählen	διηγούμαι
Erzählung	διήγημα, το
Esel	γάιδαρος, ο
Eßwaren	τρόφιμα, τα
Europa	Ευρώπη, η

europäisch	ευρωπαϊκός

F

Fabrik	φάμπρικα, η
	εργοστάσιο, το
färben	βάφω
fassen	αρπάζω
feiern	γλεντάω,
	γιορτάζω
fein	ψιλός
Feind	εχθρός, ο
Feld	χωράφι, το
	κάμπος, ο
Feldwebel	λοχίας, ο
Felsen	βράχος, ο
Fenster	παράθυρο, το
Ferien	διακοπές, οι
Fernsehapparat	τηλεόραση, η
fertig	έτοιμος
Fest	πανηγύρι, το,
	γλέντι, το,
	γιορτή, η
fest	σφιχτός
fett	παχύς
Feuchtigkeit	υγρασία, η
Finger	δάχτυλο, το
Flachland	κάμπος, ο
Fläche	επιφάνεια, η
Flasche	μπουκάλι, το
flattern	φτερουγίζω
fliegen	πετάω
fluchen	βλαστημάω
Fluß	ποταμός, ο
	ποτάμι, το
folgend	εξής
Form	μορφή, η
Fortschritt	προκοπή, η
Fortsetzung	συνέχεια, η
fortwährend	συνέχεια,
	συνεχώς
Fotografieren	φωτογράφηση, η
sich fragen	αναρωτιέμαι
Franken (Geld)	φράγκο, το
Frau (in vertrau-	κυρά, η
tem Umgang)	

Freiheit	ελευθερία, η
Freude	χαρά, η
sich freuen	χαίρομαι
Freundlichkeit	καλοσύνη, η
Frieden	ειρήνη, η
Frisiersalon	κομμωτήριο, το
Frühstück	πρωινό, το
Führer	αρχηγός, ο
sich fürchten	φοβάμαι

G

Gabel	πιρούνι, το
gähnen	χασμουριέμαι
im ganzen	όλο κι όλο
Gebäude	κτήριο, το
gebirgig	ορεινός
Gebrauchs-	οδηγίες, οι
anweisung	
Gedanke	σκέψη, η
Gefühl	αίσθημα, το
Gegend	μέρος, το
	περιοχή, η
im Gegenteil	αντίθετα
gegenüber	αντίκρυ
gegenüberliegend	αντικρινός
Gegenwart	παρόν, το
jem. gehören	ανήκω σε
	κάποιον
Geist	νους, ο,
	πνεύμα, το
gelingen	πετυχαίνω
gemeinsam	ομαδικός
Gendarm	χωροφύλακας, ο
General	στρατηγός, ο
geografisch	γεωγραφικός
gerade (aufrecht)	όρθιος
geradeaus	ίσα
Gerät	σκεύος, το
geringster	ελάχιστος
Geruch	μυρωδιά, η
Gesamtheit	σύνολο, το
Geschäft	μαγαζί, το
geschehen	γίνομαι
Geschenk	δώρο, το
geschlossen	κλειστός

Geschmack	γεύση, η	Hang	πλαγιά, η
Geschwister	αδέρφια, τα	hart	σκληρός
Gespenst	φάντασμα, το	hauptsächlich	κυρίως
Gespräch	κουβέντα, η	Haushalt	νοικοκυριό, το
Geständnis	εξομολόγηση, η	Heer	στρατός, ο
Gestalt	μορφή, η	heilen	γιατρεύω
gestern	χτες	Heilung	θεραπεία, η
gestützt	στυλωμένος	Heimat	πατρίδα, η
gesund	υγιεινός	heimlich	κρυφά
Gesundheit	υγεία, η	Heizung	καλοριφέρ, το
Gewehr	τουφέκι, το	Heldin	ηρωίδα, η
gewinnen	νικάω, κερδίζω	hell	φωτεινός
Gewinner	νικητής, ο	hell werden	φέγγω
Gewohnheit	συνήθεια, η	Hemd	πουκάμισο, το
Gips	γύψος, ο	herb	μπρούσικος
glauben	φαντάζομαι,	herrschen	επικρατώ
	νομίζω, θαρρώ	herumgehen	γυρνάω
glänzen	σελαγίζω, λάμπω	herunterholen	κατεβάζω
gleichlautend	ομώνυμος	hervorrufen	προκαλώ
glücklich	τυχερός	heulen	ουρλιάζω
Gold	χρυσάφι, το	heutig	σύγχρονος,
graben	σκαλίζω,		σημερινός
	σκάβω, θάβω	hin und wieder	πότε πότε
Gras	γρασίδι, το	Hintergrund	βάθος, το
greifen	αρπάζω	Hirtenstab	γκλίτσα, η
Grenze(n)	σύνορα, τα	Hirtenteppich	βελέντζα, η
griechisches Kind	Ελληνόπουλο, το	historisch	ιστορικός
Grube	λάκος, ο	hochheben	σηκώνω
grüßen	χαιρετάω	(Hochzeits)Patin	κουμπάρα, η
Grund (Boden)	έδαφος, το	höflich	ευγενικός
Gruppe	συγκρότημα, το	Höhe	ύψος, το
Güter	αγαθά, τα	Hölle	κόλαση, η
Gummireifen	λάστιχο, το	Holz	ξύλο, το
Gymnasium	γυμνάσιο, το	Horn	κέρατο, το
		Hügel	λόφος, ο
		Hunger	πείνα, η

H

Hahn	κόκορας, ο
Halbinsel	χερσόνησος, η
halten	κρατάω
halten für	θεωρώ
Haltestelle	στάση, η
handgemein werden	πιάνομαι
Handschuh	γάντι, το
Handtasche	τσάντα, η

I

Idee	ιδέα, η
immer	όλο
immer wieder	κάθε τόσο
Industrie	βιομηχανία, η
Information	πληροφορία, η
Inhalt	περιεχόμενο, το

Innenstadt	αγορά, η
	κέντρο, το
Insekt	έντομο, το
insgesamt	συνολικά
Intelligenz	εξυπνάδα, η
sich interessieren	ενδιαφέρομαι
sich irren	κάνω λάθος

J

Jahr (offiz.)	έτος, το
in diesem Jahr	φέτος
Jahrhundert	αιώνας, ο
je nach dem	αναλόγως
jedesmal wenn	όποτε
Journalist, -in	δημοσιογρά-φος, ο,η
Jugend	νεολαία, η, νεότητα, η

K

sich kämmen	χτενίζομαι
kämpfen	αγωνίζομαι
Karneval	Αποκριά, η
Kasse	ταμείο, το
Kassierer	ταμίας, ο
(Brief)Kasten	κουτί, το
	γραμματοκι-βώτιο, το
kaufen	αγοράζω
Keks	μπισκότο
kennzeichen	σημαδεύω
Kieselstein	βότσαλο, το
Kilometer	χιλιόμετρο, το
Kindergarten	παιδικός σταθμός, ο
	νηπιαγωγείο, το
Kino	σινεμά, το
Kiosk	περίπτερο, το
Kirschbaum	κερασιά, η
Klarheit	διαύγεια, η
Klasse	τάξη, η
kleben	κολλάω
Klee	τριφύλλι, το

Kleider	ρούχα, τα
Kleidung	ρουχισμός, ο
kleiner werden	μικραίνω
Kloster	μοναστήρι, το
kneifen	τσιμπάω
Knochen	κόκαλο, το
kochen	βράζω
Körper	σώμα, το, κορμί, το
Körperpflege	ευπρεπισμός, ο
Koffer	βαλίτσα, η
Kollege, -in	συνάδελφος, ο,η
kommen	έρχομαι
kommend	ερχόμενος
komplett	τέλειος
Kompromiß	συμβιβασμός
konkret	συγκεκριμένα
kontrollieren	ελέγχω
Kosmetika	καλλυντικά, τα
es kostet	στοιχίζει
Krach	φασαρία, η
kräftig	γερός
krepieren	ψοφάω
Krieg	πόλεμος, ο
Kreuz	σταυρός, ο
kühl werden	δροσίζομαι
kühlen	δροσίζω
Kühlschrank	ψυγείο, το
kürzer werden	μικραίνω
küssen	φιλάω
Küste	ακτή, η
Kugel	σφαίρα, η
Kuh	αγελάδα, η
Kultur	πολιτισμός, ο
kulturell	πολιτιστικός

L

Laden	μαγαζί, το
ländlich	αγροτικός
Länge	μήκος, το
Lärm	φασαρία, η
Land	χώρα, η
lang	μακρύς
langsam	σιγά
sich langweilen	βαριέμαι

Lastwagen	φορτηγό, το	mehr	πια
Laune	κέφι, το	meiden	αποφεύγω
Laus	ψείρα, η	Meinung	γνώμη, η
lebend	ζωντανός	Meister	μάστορας, ο
lebendig	ζωηρός	melden	αναφέρω
leer werden,	αδειάζω	Menge	πλήθος, το
-machen		menschlich	ανθρώπινος
Lehrer	δάσκαλος, ο	merkwürdig	περίεργος
Leiche	πτώμα, το	Meter	μέτρο, το
	λείψανο, το	Miete	ενοίκιο, το
leidend	πονεμένος	mieten	νοικιάζω
leidenschaftlich	παράφορος	Miesmuschel	μύδι, το
leise	σιγά	Militär	στρατός, ο
letzter	τελευταίος	Million	εκατομμύριο, το
Licht	φως, το	Mittel	μέσον, το
lieb	αγαπητός	Mitternacht	μεσάνυχτα, τα
Liebe	αγάπη, η	Mode	μόδα, η
	έρωτας, ο	Möbel	έπιπλα, τα
liegend	ξαπλωμένος	möbliert	επιπλωμένος
linieren	ριγώνω	Möglichkeit	δυνατότητα, η
Lippen	χείλη, τα	Mord	φονικό, το
Liter	λίτρο, το	Morgengrauen	αυγή, η
Loch	τρύπα, η	Motorhaube	καπό, το
loschen	σβήνω	Motorrad	μοτοσυκλέτα, η
Lohn	αμοιβή, η	Mücke	κουνούπι, το
Lokal	κέντρο, το	müde	κουρασμένος
Los	λαχείο, το	müde werden	νυστάζω
Losverkäufer	λαχειοπώλης, ο	Mühe	κόπος, ο
Luftdruck	πίεση, η	Mütze	σκούφος, ο
keine Lust haben	βαριέμαι	Museum	μουσείο, το
Lyzeum	λύκειο, το	Mutter	μάνα, η

M

es macht was aus	πειράζει
magisch	μαγικός
markieren	σημαδεύω
DM	μάρκο, το
Maschine	μηχάνημα, το
Markt	αγορά, η
Marsch	εμβατήριο, το
Maß	μέτρο, το
Matratze	στρώμα, το
Maus	ποντικός, ο
Meer	πέλαγος, το
Meeresgrund	βυθός, ο

N

Nachbar	γείτονας, ο
Nachbarschaft	γειτονιά, η
Nachricht	είδηση, η
nackt	γυμνός
sich nähern	πλησιάζω
Nässe	υγρασία, η
Name	όνομα, το
Namenstag	γιορτάζω
feiern	
(Namenstag)Fest	γιορτή, η
naß machen	βρέχω
national	εθνικός

Nationalität	εθνικότητα, η	politisch	πολιτικός
Nebel	ομίχλη, η	Polizei	αστυνομία, η
nennen	ονομάζω	Polizist	αστυνόμος, ο
neugierig	περίεργος	positiv	θετικός
Neujahr	Πρωτοχρονιά, η	Post	ταχυδρομείο, το
neulich	τις προάλλες	Postkarte	καρτ ποστάλ, η
nie	ουδέποτε	Platz	χώρος, ο
niederknien	γονατίζω		τόπος, ο
niedrig	χαμηλός		μέρος, το
niesen	φταρνίζομαι		πλατεία, η
Niesen	φτάρνισμα, το	platzen,	σκάνω, σκάζω
nötigen	αναγκάζω	-lassen	
Norden,	βοράς, ο	prächtig	περίφημος
Nordwind		präsentieren	παρουσιάζω
normal	κανονικός	Präsident	πρόεδρος, ο
Normalbenzin	απλή, η	Praxis	πράξη, η
nützen	ωφελώ	Preis	τιμή, η
nützlich	χρήσιμος	Preisermäßigung	έκπτωση, η
		pressen	σφίγγω
O		pro	ανά
		Problem	πρόβλημα, το
		protestieren	διαμαρτύρομαι
Oberfläche	επιφάνεια, η	provozieren	προκαλώ
öffentlich	δημόσιος	Prozeß	δίκη, η
Österreich	Αυστρία, η	prüfen	εξετάζω
östlich	ανατολικός	Pulli	μπλούζα, η
Ofen	σόμπα, η	Pulsschlag	παλμός, ο
offiziell	επίσημος		
ohne	δίχως		
Organisation	οργάνωση, η	**Q**	
	οργανισμός, ο		
Ort	τόπος, ο	Quadrat	τετράγωνο, το
Ostern	Πάσχα, το	quadratisch	τετραγωνικός
		quälen	βασανίζω
P		Qual	βάσανο, το
		Quatsch	μπούρδες, οι
		Quelle	πηγή, η
Paar	ζευγάρι, το		
Paket	δέμα, το		
Papier	χαρτί, το	**R**	
Partie	παρτίδα, η		
(Reise)Paß	διαβατήριο, το	Rätsel	αίνιγμα, το
persönlich	προσωπικός,	Rand	άκρη, η
	ατομικός	Rasierapparat	ξυριστική μηχανή
Person	πρόσωπο, το	Rat	συμβουλή, η
pflanzen	φυτεύω	Rauchen	κάπνισμα, το
Plan	πλάνο, το	Raum	χώρος, ο

rauswerfen	πετάω	Schaum	αφρός, ο
rechnen	λογαριάζω	Schauspieler	ηθοποιός, ο
Recht	δίκιο, το	scheinen	φαίνομαι
rechtzeitig	εγκαίρως	schicken	στέλνω
regelmäßig	τακτικός,	Schiff	καράβι, το
	κανονικός	Schild	ταμπέλα, η
Regen	βροχή, η	Schilling	σελίνι, το
Regie	σκηνοθεσία, η	(Nacht)Schicht	βάρδιες, οι
es regnet	βρέχει	schlachten	σφάζω
Reihe	σειρά, η	Schläge	ξύλο, το
Reise	ταξίδι, το	schlafen	κοιμάμαι
Rekrut	φαντάρος, ο	Schlafzimmer	υπνοδωμάτιο, το
relativ	σχετικός	schlagen	βαράω
reparieren	διορθώνω	Schlange	φίδι, το
	φτιάχνω	(Menschen)	ουρά, η
Rest	υπόλοιπο, το	Schlange	
(sich)retten	γλυτώνω	schlau	πονηρός
Revolution	επανάσταση, η	Schlüssel	κλειδί, το
Revue	επιθεώρηση, η	Schmerz	πόνος, ο
richtig	σωστός	Schmied	χαλκιάς, ο
Richtung	κατεύθυνση, η	schmücken	στολίζω
in Richtung auf	προς	Schmutz	βρώμα, η
rollen	κυλάω	es schneit	χιονίζει
Rucksack	σάκος, ο	schnell	σύντομα
ruhig	ήσυχος	Schnupfen	συνάχι, το
ruhig!	σιγά!	Schriftsteller, -in	συγγραφέας, ο,η
rutschen	γλιστράω	Schweigen	σιωπή, η
		schweizerisch	ελβετικός
S		schwer	βαρύς
		Schwester	αδερφή, η
		Schwiegermutter	πεθερά, η
Sache	υπόθεση, η	Schwiegersohn	γαμπρός, ο
Salbe	αλοιφή, η	Schwierigkeit	δυσκολία, η
salzig	αρμυρός	Schwimmbad	κολυμβητήριο, το
sammeln	μαζεύω		πισίνα, η
Sarg	φέρετρο, το	Schwimmen	κολύμπι, το
satt werden	χορταίνω	Schwamm	σφουγγάρι, το
Sauce	σάλτσα, η	Schülerin	μαθήτρια, η
schaden	βλάπτω	schuld sein	φταίω
sich schämen	ντρέπομαι	See	λίμνη, η
Schätzung	υπολογισμός, ο	Sehenswürdig-	αξιοθέατα, τα
Schaf	πρόβατο, το	keiten	
schaffen	φτιάχνω	sich sehnen	λαχταράω
	καταφέρνω	Seife	σαπούνι, το
schauen	θωρώ, κοιτάζω	seit	εδώ και
Schaufenster	βιτρίνα, η	Seite	πλευρό, το,
Schaukel	κούνια, η		μεριά, η

senken	χαμηλώνω	stumm	βουβός
Selbstbetrug	αυταπάτη, η	Sturm	θύελλα, η
sich setzen	κάθομαι	suchen	ψάχνω, γυρεύω
sicher	σίγουρος	südlich	νότιος
Siedlung	οικισμός, ο		
Silbe	συλλαβή, η		
sitzen	κάθομαι	**T**	
Sklave	σκλάβος, ο		
so lange	τόσον καιρό	Tabak	καπνός, ο
so viel	τόσο	täglich	καθημερινός
sogenannt	λεγόμενος	Tankstelle	βενζινάδικο, το
Soldat	στρατιώτης, ο	Tante	θεία, η
Sonnenuntergang	ηλιοβασίλεμα, το	Tanz	χορός, ο
Sonntag	Κυριακή, η	Tasche	τσάντα, η
sonst	κατά τα άλλα	Tat	πράξη, η
Sorge	φροντίδα, η	Tatsache	γεγονός, το
später	αργότερα	Teil	μέρος, το
Spaghettigericht	μακαρονάδα, η	teilen	χωρίζω, διαιρώ
Spielstein	πούλι, το	telefonieren	τηλεφωνώ
Spieß	σούβλα, η	Teller	πιάτο, το
Sport	γυμναστική, η	Teppich	χαλί, το
Spur	ίχνος, το	Teufel	διάβολος, ο
Staat	κράτος, το	Theaterstück	έργο, το
Stadion	γήπεδο, το	tief	βαθύς
städtisch	αστικός	Tiefe	βάθος, το
ständig	συνεχώς	Tochter	κόρη, η
Stamm	κορμός, ο	Tod	θάνατος, ο
stark	γερός	Toilette	μέρος, το
starten	ξεκινάω		καμπινές, ο
(da)stehen	στέκομαι	töten	σκοτώνω
im Stehen	όρθιος	Topf	χύτρα, η
stehen bleiben	στέκομαι	Tourismus	τουρισμός, ο
stehlen	κλέβω	Tourist	τουρίστας, ο
Stein	πέτρα, η	tot	νεκρός
Stelle	σημείο, το	Toter	πεθαμένος, ο
Stil	ύφος, το	Toto	προπό, το
Stirn	κούτελο, το	Türke	Τούρκος, ο
Straße (bei offi-	οδός, η	tragbar	φορητός
ziellen Angaben)		tragen (von	φοράω
sterben	πεθαίνω	Kleidung)	
sich streiten	τσακώνομαι	transportieren	μεταφέρω
streng	αυστηρός	Traum	όνειρο, το
stricken	πλέκω	treffen	πετυχαίνω,
Strumpf	κάλτσα, η		συναντάω
Strumpfhose	καλτσόν, το	trennen	χωρίζω
Studentin	φοιτήτρια, η	Treppe	σκάλα, η
Stuhl	καρέκλα, η	treten	πατάω

Trick	κόλπο, το
trocken	ξερός
trocknen	στεγνώνω
tropfen	στάζω
trotzdem	παρ' όλα αυτά
Trubel	φασαρία, η
Turnen	γυμναστική, η

U

Übel	κακό, το
überall	παντού
überdrüssig sein	βαριέμαι
übereinstimmen	συμφωνώ
übereinstimmend	σύμφωνος
überholen	ξεπερνάω
Überraschung	έκπληξη, η
Übersetzung	μετάφραση, η
übertreiben	υπερβάλλω
übertreffen	ξεπερνάω
Ufer	όχθη, η
Umarmung	αγκαλιά, η
umfassen	περιλαμβάνω
umgekehrt	ανάποδος
umherlaufen	κυκλοφορώ
Umwelt	περιβάλλον, το
unbeweglich	ακίνητος
unerfreulich	δυσάρεστος
unerwartet	απροσδόκητος
unsichtbar	αόρατος
Unsinn	μπούρδες, οι
unsterblich	αθάνατος
Untätigkeit	απραξία, η
unten	(από) κάτω
unterbrechen	διακόπτω
sich unterhalten	συζητάω, κουβεντιάζω
unterschreiben	υπογράφω
Unterschrift	υπογραφή, η
unvergeßlich	αξέχαστος
unwahrscheinlich	απίθανος
Urlaub	διακοπές, οι

V

Vase	αγγείο, το
sich verabschieden	αποχαιρετάω
Verb	ρήμα, το
verbessern	διορθώνω
verbieten	απαγορεύω
verboten	απαγορεύεται
verbrennen	καίω
sich verbrennen	καίγομαι
verdauen	χωνεύω
vereinen	ενώνω
vereinigt	ενωμένος
verflucht	καταραμένος
im Vergleich	ανάλογος
Verhältnis	σχέση, η
Verkehrsverbindung	συγκοινωνία, η
verlieren	χάνω
Verlosung	κλήρωση, η
vermieten	νοικιάζω
Vernunft	φρόνηση, η
jem. verpflichten	υποχρεώνω
Verräter	προδότης, ο
Versammlung	συγκέντρωση, η
verschieden	διάφορος
verschwinden	εξαφανίζομαι
sich verspäten	αργώ
verspotten	κοροϊδεύω
versprechen	υπόσχομαι
sich verständigen	συνεννοούμαι
verstärken	ενισχύω
Verstand	νους, ο
versteckt	κρυμμένος
verstreut	διάσπαρτος
verstümmelt	σακατεμένος
versuchen	επιχειρώ
Versuchung	πειρασμός, ο
vertreten	εκπροσωπώ
verwirklichen	πραγματοποιώ
verzollen	φορολογώ
Villa	βίλλα, η
Vitamine	βιταμίνες, οι
Vogel	πουλί, το
vollenden	ολοκληρώνω
vollkommen	τέλειος
vollständig	τελείως

vor (temp.)	πριν από	wenigster	ελάχιστος
vorbringen	προσφέρω	werden	γίνομαι
Vorfahre	πρόγονος, ο	Wert	αξία, η
vorführen	παρουσιάζω	wertvoll	πολύτιμος
Vorgesetzter	προϊστάμενος, ο	westlich	δυτικός
vorgestern	προχτές	wie	όπως
vorhaben	έχω σκοπό	wieder	ξανά
vorher	πρωτύτερα	wild	άγριος
vorschlagen	προτείνω	Wind	άνεμος, ο
vorsichtig	προσεχτικός	Wirtin	νοικοκυρά, η
vorstellen	παρουσιάζω	wirtschaftlich	οικονομικός
sich vorstellen	φαντάζομαι	Wissenschaftler	επιστήμονας, ο
Vorstellung	παράσταση, η	wo doch	μια και
vorziehen	προτιμάω	Wolf	λύκος, ο
		Wuchs	μπόι, το

W

Wachstum	αύξηση, η
Waffe	όπλο, το
Wagen	αμάξι, το
wahr	αληθινός
Wahrheit	αλήθεια, η
Waise	ορφανός, ο
sich wandeln	μεταμορφώνομαι
Wanze	κοριός, ο
warm werden	ζεσταίνομαι
sich waschen	πλένομαι
jem. die Haare waschen	λούζω
sich die Haare waschen	λούζομαι
Waschmaschine	πλυντήριο, το
Wasserkrug	στάμνα, η
Wassermelone	καρπούζι, το
wechseln	αλλάζω
wegwerfen	πετάω
Weihnachten	Χριστούγεννα, τα
weihnachtlich	χριστουγεννιάτικος
weil	μια και, επειδή
Weinberg	αμπέλι, το
Weinen	κλάμα, το
weit	μακρύς
welcher (deklinierbares Relativpronom.)	ο οποίος, η οποία, το οποίο

wünschen	εύχομαι
wütend werden	θυμώνω
Wunde	τραύμα, το
wunderbar	θαυμάσιος
Wunsch	επιθυμία, η, ευχή, η

Z

Zahnbürste	οδοντόβουρτσα, η
ziehen	σέρνω, τραβάω
Ziehung	κλήρωση, η
Ziel	στόχος, ο σκοπός, ο
zielen	σημαδεύω
Zielscheibe	στόχος, ο
Zirkus	τσίρκο, το
Zivilisation	πολιτισμός, ο
Zollbeamter	τελώνης, ο
zornig werden	θυμώνω
zufrieden	ευχαριστημένος
Zukunft	μέλλον, το
zurückkehren	γυρνάω
zusammenfallen	συμπίπτω
Zusammenarbeit	συνεργασία, η
Zweck	σκοπός, ο
zwingen	αναγκάζω
zwischen	μεταξύ
Zypresse	κυπαρίσσι, το

Stichwortverzeichnis

Liederverzeichnis